garten
kurz & gut

Monika Biermaier
Ilse Wrbka-Fuchsig

Kräuter-spirale

im NATURNAHEN GARTEN

avBUCH

Inhalt

Vorwort

Die Kräuterspirale als ein Element des Naturgartens fasziniert seit vielen Jahren Gartenbesitzer – und doch ist sie in den wenigsten Gärten realisiert! Hat man sie einmal angelegt, wird man ihre Vorteile lange schätzen.

Durch den besonderen Aufbau können auf kleinstem Raum die unterschiedlichen Standortansprüche verschiedener Kräuter erfüllt und somit Kräuter des Mediterranraumes (zum Beispiel Thymian, Oregano, Salbei) bis hin zu Feuchte liebenden Arten (zum Beispiel Minze, Schnittlauch, Brunnenkresse) angebaut werden.

Das uralte Symbol der Spirale bringt einen speziellen Zauber in den Garten und kann entweder in bestehende Geländeformen eingepasst werden oder setzt als eigenes Gestaltungselement besondere Akzente.

Frische Kräuter bedeuten vielfältige Sinneserlebnisse: Sie duften herrlich, sie schmecken gut, sie sind gesund und erfreuen auch das Auge! Ganz nebenbei werden auch viele Insekten wie Hummeln und Schmetterlinge angelockt, in den Zwischenräumen der Wärme speichernden Steine der Kräuterspirale findet so manche selten gewordene Tierart einen Unterschlupf, während die kleine Wasserfläche am unteren Ende beispielsweise als Tränke dienen kann.

Dieses Buch gibt Anleitungen zum Bau und Anregungen zur Bepflanzung von der kleinen Küchenkräuterspirale bis zu größeren Heilkräuterspiralen und Spiralen für spezielle Färbe- und Räucherpflanzen. Die Planungsbeispiele illustrieren die Einbindung dieses vielseitigen Gestaltungselementes in nahezu jeden Gartenraum. In vielen Pflanzenporträts werden nicht nur die Lage auf der Kräuterspirale, die verwendeten Pflanzenteile und der beste Erntezeitpunkt der Kräuter, sondern auch die Wirkung und Verwendung beschrieben. Die wesentlichsten Methoden der Trocknung und Aufbewahrung runden die Verwendungsmöglichkeiten ab.

Monika Biermaier und Ilse Wrbka-Fuchsig,
im Januar 2013

Von der Idee

zur Umsetzung

Dreidimensionales Kräuterbeet

Die Kräuterspirale ist ein besonderes, dreidimensionales Beet, das den Anbau verschiedener Kräuter auch auf kleinstem Raum aufgrund seines speziellen Aufbaus ermöglicht. Durch die spiralförmige Anordnung des Bauwerks aus Steinen, die Nord-Süd-Ausrichtung und die verschiedenen Substrate können viele Standortansprüche erfüllt werden. Trockene, wasserdurchlässige, kalkhaltige, ganztägig sonnige Bereiche werden von Mittelmeerpflanzen erobert, während die heimischen Kräuter eher den unteren, humoseren Bereich mit unterschiedlichen Sonnenverhältnissen im Tagesablauf besiedeln. Die von der Sonne aufgewärmten Steine geben nicht nur langsam Wärme für die Kräuter ab, sie bieten auch vielen Nützlingen Unterschlupf. Sogar die inzwischen seltenen Eidechsen sonnen sich und legen ihre Eier in die Steinzwischenräume.

Von täglich gebrauchten Küchenkräutern über eine Vielzahl an Heilpflanzen bis hin zu speziellen Färbe- oder Räucherpflanzen kann nahezu jedes Kraut seinen richtigen Platz finden. Die meisten Pflanzen blühen äußerst attraktiv, verströmen bei Sonne oder Berührung aromatische Düfte, können im „Vorübergehen" verkostet werden und ziehen verschiedenste Insekten wie (Wild-)Bienen, Hummeln und Schmetterlinge an. Ein Fest für alle Sinne des Menschen und ein bereicherndes Element für den Naturgarten – als Anziehungspunkt für viele Nützlinge, sowohl als Blütenbesucher als auch in den Zwischenräumen und auf den Steinen selbst.

Gesunde Kräuter

Die gesundheitsfördernde Wirkung der Kräuter wurde bereits sehr früh erkannt, ist fast in Vergessenheit geraten und erlebt nun wieder steigende Beliebtheit und Anerkennung. Kräuter helfen Salz sparen, bereichern Speisen mit Vitaminen und Mineralstoffen und verfeinern viele Gerichte. Neben Vitaminen enthalten sie auch viele bioaktive Substanzen, z. B. Bioflavonoide, die das Immunsystem stärken und das Cholesterin im Blut senken können.

Verschiedene Lebensbereiche auf kleinstem Raum

Durch den spiralförmig ansteigenden Aufbau können auf kleinstem Raum unterschiedliche Lebensbedingungen geschaffen werden. Diese Platzersparnis kann vor allem in kleinen Hausgärten ein großer Vorteil sein. In größeren Gärten können die vielfältigsten Ansprüche der speziellen Kräuter gut erfüllt werden.

Die Fähigkeit der Wärmespeicherung der Steine wird ebenso zur Schaffung von speziellem Mikroklima ausgenutzt wie die Feuchtigkeitsabgabe und Sonnenreflexion der kleinen Wasserfläche am Fuß. Auch die unterschiedlichen Substrate wie nährstoffreichere Gartenerde bis hin zum mageren Sandboden am oberen Ende bieten unterschiedlichste Standorte und Lebensbedingungen.

Von der Idee zur Umsetzung

Kräuterspirale als Gestaltungselement

Ein weiterer interessanter Aspekt der Kräuterspirale ist die gestalterische Bedeutung. Der Aufbau aus Natursteinen, die in Trockenbauweise, also ohne Mörtel, geschichtet werden, bietet auch optisch viel. Die Farbe und Form der Steine sind sorgfältig auszuwählen; vor allem die Herkunft der Steine ist wichtig, denn sie sollten unbedingt aus der Region stammen. Im Sinne der ökosozialen Nachhaltigkeit kann man eine Verwendung von Steinen aus fernen Ländern, womöglich noch mit Kinderarbeit unter schlechten Bedingungen gewonnen, nicht verantworten.

Durch den empfohlenen Durchmesser von 2 m und einer Mindesthöhe von 60 cm ist die Kräuterspirale als gestalterisches Element anzusehen, mit dem eine Gliederung des Gartens möglich ist und optische Anreize gegeben werden können. In ebenen Gärten ohne topografische Besonderheiten ist eine Kräuterspirale ein anziehender Blickpunkt.

Da der Standort der Kräuter sinnvollerweise in Haus- beziehungsweise Küchennähe sein soll, wird die Kräuterspirale oft in die Terrassengestaltung miteinbezogen. Auf höher liegenden Terrassen kann die Spirale in die Böschungsgestaltung integriert werden. Die blühenden und duftenden Kräuter bieten nahezu all unseren Sinnen etwas Besonderes.

Bill Mollison und seine geniale Idee

Der Australier Bill Mollison, der als Begründer der Permakultur gilt, entwickelte als Erster die Idee zu einer Kräuterspirale. Die Permakultur versteht sich als „dauerhafter Land- und Gartenbau", bei dem die Erhaltung und Schaffung dauerhafter, zukunftsfähiger, ökologischer, wirtschaftlicher und sozialer Systeme im Vordergrund stehen. Möglichst viele verschiedene Pflanzen und Tiere schützen und fördern sich gegenseitig und schaffen somit stabile Lebensgemeinschaften.

Bill Mollison ließ sich durch die Sandmuster der Aborigines inspirieren und beschäftigte sich mit der symbolträchtigen Form der Spirale in der Natur und in der Kultur vieler Naturvölker. Die Spirale begegnet uns überall in der Natur, in Schneckenhäusern, in zusammengerollten Schlangen, in unserem menschlichen Ohr, in der Erbinformation (Doppelhelix) und in vielen Pflanzen: Schlingpflanzen, sich spiralförmig entfaltende Farnwedel, Samen der Ringelblume und in vielem mehr. Die Spirale ist eine dynamische Linie, der wir (je nach Richtung) ins Zentrum oder in die Weite folgen.

Seit Bill Mollison die Idee der Kräuterspirale 1978 der Öffentlichkeit vorstellte, wurde dieses Element der Permakultur auf der ganzen Welt besonders erfolgreich nachgebaut.

Eine halbe Kräuterspirale kann (auch) gut an einer Terrasse platziert werden.

Geschichte des Kräuteranbaus

Seit den Anfängen unserer Kultur wurde die heilkräftige Wirkung vieler Pflanzen erkannt und von Generation zu Generation weitergegeben. Bereits in der Altsteinzeit wurden die Speisen mit Wildkräutern verfeinert und bekömmlicher gemacht. In Funden aus der Jungsteinzeit konnten Kümmel und Mohn nachgewiesen werden, man fand Früchte, Samen und Kräuter als Grabbeigaben.

Die ältesten Belege über den medizinischen Gebrauch der Pflanzen stammen von den Sumerern aus dem 5. Jahrtausend v. Chr., auch im alten Ägypten wurden die Toten mit Kräutermischungen balsamiert, über 700 pflanzliche Arzneimittel wurden in einer Rezeptsammlung der Pharaonenärzte festgehalten. Über viele Jahrtausende wurden Kräuter in kultische Riten einbezogen und von Schamanen, Medizinmännern und weisen Frauen in allen Teilen der Welt als wirksame Helfer genutzt.

Die indische Ayurveda-Kräuterkunde („veda" steht für Wissen, Weisheit), die sich heute steigender Beliebtheit erfreut, ist in Indien etwa seit dem Jahr 2 000 v. Chr. ein Begriff und auch heute noch die Grundlage für die traditionelle indische Medizin.

Weitere wichtige Schritte für die Entwicklung der Heilpflanzenkunde wurden dann hauptsächlich von den Griechen und in späterer Folge von den Römern gesetzt.

Bedeutende Kräuterheilkundige

Hippokrates von Kós (* um 460 v. Chr., † um 375 v. Chr.) gilt als berühmtester Arzt des Altertums und wird häufig als „Vater der Heilkunde" bezeichnet. Sein Werk „Corpus Hippocraticum" umfasst die Sammlung medizinischer Kenntnisse der damaligen Zeit und beschreibt Krankheiten, pflanzliche Heilmittel und deren Anwendungsweise.

Dioskurides wird als berühmtester Pharmakologe des Altertums bezeichnet, der im 1. Jahrhundert n. Chr. lebte. Er diente als Militärarzt unter den Kaisern Claudius und Nero. Sein Hauptwerk, die „Materia medica" umfasste die Beschreibung von 1 000 Arzneimitteln pflanzlichen, tierischen und mineralischen Ursprungs.

Karl der Große hat in seinem berühmten Werk „Capitulare de villis" 812 n. Chr. die Anlage von Kräutergärten zum Wohl der Kranken und Köche befohlen und nannte 73 Kräuter, die angebaut werden sollten.

Die Griechen widmeten bestimmte Kräuter ihren Göttern. Im 1. Jahrhundert n. Chr. entstanden Almanache, die sich mit Anbau, Ernte und Wirkung der Kräuter befassten. Der Anbau von Kräutern hat historisch betrachtet eine sehr lange Tradition.

Mit den Römern kamen viele Samen und Ableger mediterraner Kräuter zu uns, durch die Kreuzzüge auch orientalische Gattungen und Arten.

Im Mittelalter waren die Klöster Zentren des Kräuteranbaus. Die Mönche brachten Kräuter aus dem Mittelmeerraum nach Zentraleuropa und erwarben großes Wissen um die Würz- und Heilkräfte der Kräuter. Der Klerus besaß aufgrund der Griechisch- und Lateinkenntnisse das Monopol zur Pflege der Wissenschaften und des gesamten Bildungswesens. Die starke Wirkung mancher Kräuter, in Verbindung mit Kult und Magie, waren vielen Menschen des Mittelalters unheimlich. Einigen Herrschern schien es auch bedrohlich, dass dieses Wissen von Frauen beherrscht wurde.

Das Kräuterwissen wurde in den Klöstern um deren gesammelte Erfahrungen erweitert und ergänzt und die Pflanzen in sogenannten Herbarien archiviert. Vor allem die Benediktinermönche an der Fuldaer Klosterschule hinterließen wahre Meisterwerke. Der Benediktiner **Walahfrid Strabo** hinterließ das berühmteste Herbarium „Liber de cultura hortorum", ein botanisches wie literarisches Meisterwerk. In der Fuldaer Klosterschule wuchsen im „Hortulus" Heilziest, Eberraute, Fenchel, Katzenminze, Kürbis, Liebstöckel, Muskatellersalbei, Poleiminze, Salbei, Schafgarbe, Mohn, Weiße Lilie, Wermut und viele andere Heilkräuter.

Hildegard von Bingen (1098–1179) widmete sich in besonderer Weise den Kräutern und Heilpflanzen und verfasste zahlreiche Schriften. Die Originale sind nicht erhalten geblieben, doch zahlreiche Abschriften mit Ergänzungen aus dem 13. bis 15. Jahrhundert werden bis heute herangezogen. Hildegard von Bingen war die Erste, die versuchte, wis-

In Klostergärten sind die Beete sehr oft mit Lavendelhecken eingefasst.

senschaftliche Erkenntnisse über Krankheiten und Pflanzen (aus lateinisch-griechischen Texten) mit dem Wissen der Volksmedizin zusammenzuführen.

Das Kräuterwissen entwickelte sich weiter und wurde im späten Mittelalter von Apothekern aufgenommen. Heilpflanzen wurden im 17. Jahrhundert zum ersten Mal in größerem Ausmaß angebaut.

Sebastian Kneipp (1821–1897) aus Bayern und Kräuterpfarrer Künzle (1857–1945) aus der Schweiz brachten der Heilpflanzenkunde oder Phytotherapie in der Moderne zahlreiche neue Impulse. Exakte wissenschaftliche Analysemethoden ermöglichen heute die genaue Aufschlüsselung der Wirkstoffe und Erklärung der Heilwirkung, wenngleich auch zahlreiche Heilpflanzen noch nicht ausreichend untersucht sind. Die Phytotherapie arbeitet also auf Basis wissenschaftlicher Untersuchungen, durch die die Wirkung pflanzlicher Inhaltsstoffe nachgewiesen ist. Die Volksheilkunde dagegen beruht auf jahrhundertealtem, regional überliefertem Wissen, das auf eigenen Erfahrungen beruht.

Verwendung von Kräutern im Garten

Dieses vielfältige Wissen um die Kräuter wurde in den traditionellen Bauerngärten weiter gepflegt. Für die bäuerliche Selbstversorgung war es wichtig und selbstverständlich, gegen jede kleinere Verkühlung, Verstauchung oder Wunde ein Kraut bei der Hand zu haben.

Doch mit der zunehmenden Technisierung, Kommerzialisierung und Abwanderung aus den ländlichen Regionen kam der Eigenversorgung immer geringerer Stellenwert zu und das Wissen um die Wirkungskräfte der Kräu-

ter drohte verloren zu gehen. Durch den Siegeszug der Chemie wurden viele Arzneimittel synthetisch hergestellt und hochwirksame Stoffe isoliert und standardisiert. Auch in der Küche eroberten künstlich hergestellte Aromen und Farbstoffe die Speisenzubereitung, die Vielfalt der Gewürze geriet fast in Vergessenheit. In den Hausgärten war das Repertoire an Kräutern dementsprechend lediglich auf die Standardgewürze Schnittlauch, Petersilie und Dill beschränkt, erst im 20. Jahrhundert wurden Kräuter wie Estragon, Ysop, Oregano, Lavendel und verschiedene Wildkräuter wiederentdeckt.

Mit zunehmender Umweltverschmutzung, Intensivierung der Landwirtschaft und Skepsis gegenüber vielen herkömmlichen Medikamenten und deren Nebenwirkungen stieg die Sehnsucht nach naturgemäßer Ernährung und ganzheitlicher Medizin. Nicht gegen jeden Schnupfen und Husten muss gleich ein Antibiotikum her, das wissen heute viele Menschen. Man besinnt sich auf traditionelle Teerezepte, Umschläge und alte Hausmittel. Die Eigenversorgung mit Küchenkräutern und wirksamen Heilpflanzen ist deshalb beliebter denn je. Auch die moderne Medizin hat die heil- und gesundheitsfördernde Wirkung von Kräutern nachgewiesen.

Die Frische von selbst angebauten Kräutern garantiert beste Inhaltsstoffe und Geschmackserlebnisse. Da die meisten Kräuter relativ anspruchslos sind, ist es leicht, diese ohne Spritz- und Düngemittel zu ziehen. Bei sachgemäßer Ernte, Trocknung und Aufbewahrung ist auch ein vollaromatischer Genuss der getrockneten Kräuter im Winter möglich.

Wildkräuter

Viele Wildkräuter liefern mehr Vitamine und wichtige Mineralstoffe als herkömmliches Obst oder Gemüse und können vor allem im zeitigen Frühling, wenn der Kräutergarten noch recht schütter ist, den Speisezettel bereichern und Frühjahrsmüdigkeit vertreiben.

Umgang mit Kräutern

Blätter, Blüten und Wurzeln von Kräutern und auch sehr viele Früchte und Blätter von Sträuchern und Bäumen können zu Heilzwecken verwendet werden. Sie enthalten verschiedene Inhaltsstoffe, die je nach Standort und Witterungsbedingungen vor Ort großen Schwankungen unterliegen. Daher ist es wichtig, den richtigen Standort, den Zeitpunkt der Ernte und auch die Dosierung bei den verschiedenen Anwendungen zu kennen und richtig auszuwählen. Es kann auch bei einigen Heilkräutern Nebenwirkungen geben, manche Stoffe können zu Hautreizungen führen, einige Pflanzen dürfen beispielsweise während der Schwangerschaft nicht eingenommen werden und einige Tees sollten nicht über einen längeren Zeitraum getrunken werden. Genaue Kenntnisse sind vor allem auch beim Wildkräutersammeln erforderlich, da es zu gefährlichen Verwechslungen kommen kann.

Bei der Bepflanzung von Kräuterspiralen mit Gewürzkräutern sind Standort und Sammelzeitpunkt ebenfalls sehr wesentlich für die Inhalts- und Aromastoffe. Bei der Dosierung kann dagegen nicht allzu viel falsch gemacht werden. Das ist vor allem Geschmackssache!

Die Vorteile einer Kräuterspirale liegen also auf der Hand: Auf kleinstem Raum können pflegeleichte Kräuter entsprechend ihrer Ansprüche an den Standort und das Mikroklima angepflanzt werden. Sie bieten Frische, volles Aroma und Heilkräfte. Außerdem treten durch das Zusammenwirken unterschiedlicher Heilkräuter wesentlich weniger Schädlinge auf als in herkömmlichen Gartenbeeten.

Was gibt es Schöneres und Sinnlicheres als aromatisch duftende, blühende Kräuter neben dem Sitzplatz, die frisch auf dem Salat, auf dem Grillgut oder als bunte, essbare Verzierung den Teller dekorieren?

Lebensformen und Anbauvoraussetzungen von Kräutern

Botaniker sprechen bei Kräutern von krautigen Pflanzen im Unterschied zu Bäumen und Sträuchern, die einen Holzanteil haben. Bei den Kräutern (wie auch bei den Stauden) werden ganz allgemein Einjährige, Zweijährige und ausdauernde/mehrjährige Kräuter unterschieden. Die Einjährigen müssen jedes Jahr neu angesät werden, die Zweijährigen bilden im ersten Jahr meist nur Blätter, oft eine (grundständige) Blattrosette, und blühen dann im zweiten Jahr. Ausdauernde Kräuter ziehen

Duft, Schönheit und Geschmack vereint in einem Kräuterbeet direkt an der Terrasse.

11

Die Lavendelsträucher nehmen den Betonstufen ihre „optische Härte" und duften beim Vorübergehen.

Die meisten einjährigen Kräuter kann man nach ihren Keimbedingungen zu den Lichtkeimern zählen, die bei der Keimung Licht benötigen. Die Samen werden nur auf die Erde ausgestreut und nicht eingearbeitet. Samen von Dunkelkeimern, z. B. Koriander, müssen dagegen immer mit Erde bedeckt sein.

Lichtkeimer sind beispielsweise:
· Basilikum
· Bohnenkraut
· Estragon
· Gartenkresse
· Majoran
· Oregano
· Thymian
· Zitronenmelisse

im Herbst ein, das heißt, die Blätter verwelken und von der Pflanze ist oberirdisch nichts mehr zu sehen, kommen aber im Frühling an derselben Stelle wieder.

Allerdings gibt es unter den Kräutern auch sogenannte Zwergsträucher und Kleinsträucher. Salbei und Lavendel sind typische Zwergsträucher, deren Stängel verholzen. Im Grunde genommen gehören sie botanisch zu den Gehölzen.

Was Kräuter brauchen

Viele Kräuter sind sehr genügsam und tolerieren auch karge Bedingungen. Bei der Aussaat oder Pflanzung und der Pflege müssen aber bestimmte Grundvoraussetzungen für ein gesundes Wachstum der Pflanzen erfüllt werden.

Die meisten Kräuter bevorzugen einen sonnigen Platz im Garten. Auch auf der Fensterbank oder dem Balkon sollte ein Sonnenplatz ausgesucht werden.

Da Kräuter für ihr Wachstum nur wenig Nährstoffe benötigen, ist eine Düngung nicht notwendig. Eine 1 cm dicke Schicht von Reifkompost, der zwischen den Pflanzen ausgebracht wird, ist aber empfehlenswert, ebenso das Mulchen mit Grasschnitt oder Flachsmulch. Auf diese Weise werden den Kräutern die nötigen Nährstoffe zugeführt.

In lang anhaltenden Trockenperioden im Sommer brauchen vor allem die Kräuter der mittleren und unteren Zone der Kräuterspirale Wasser, das am besten in Form von Regenwasser gegeben wird. Um Pilzkrankheiten und Verbrennungen zu vermeiden, wird nicht über die Blätter, sondern am Fuß der Pflanzen gegossen.

Aufbau
der Kräuterspirale

Anzeichnen, Mittelpunkt festlegen, Steine und Arbeitsgeräte herrichten.

Der innere, oberste Teil ist fertig aufgebaut, der Sand fehlt noch.

Unterzone: Gartenerde mit Reifkompost; mittlere Zone: Übergang; obere Zone: hoher Sandanteil und Schotter.

Fast fertig bepflanzt.

Bei der Kräuterspirale liegen die Vorteile „förmlich auf der Hand": In den verschiedenen Bereichen der sich emporwindenden Spirale herrschen unterschiedliche Standortbedingungen vor, die den jeweiligen Ansprüchen der Pflanzen entsprechen. Außerdem wachsen manche Kräuter sehr üppig und bilden ausladende Triebe, kleinere und schwächer wüchsige Nachbarn werden dann leicht überwuchert. Bei der Anlage einer Kräuterspirale können die vielen unterschiedlichen Kräuter auf den geeignetsten Platz gesetzt werden. Durch die Begrenzung mit Steinen bleibt die geplante Zuordnung erhalten. Es fällt leichter, die üppig wachsenden Kräuter im Zaum zu halten und die konkurrenzschwächeren zu fördern.

Zonierung – welche Kräuter für welche Zone?

Durch den Aufbau einer Steinspirale auf einem Hügel oder einer spiralig ansteigenden Mauer entsteht ein zum Mittelpunkt hin ansteigendes Beet. Dadurch wird die Grundfläche vergrößert und der vorhandene Platz an einem sonnigen Ort optimal genutzt. Das Beet wird in mehrere Zonen mit unterschiedlichen Substraten von mager und trocken bis nährstoffreich und feucht gegliedert. Es entstehen unterschiedliche Feuchtigkeits- und Licht-Schatten-Verhältnisse, die den Ansprüchen der Kräuter an Klima und Boden so gut wie möglich gerecht werden. Zusätzlich profitieren die Kräuter von der Wärme, die die

Steine von der Sonne speichern und langsam wieder abgeben. Diese Wärmespeicherung hält bis in die Nacht an und mildert Nachtfröste ab.

Obere Zone

Die obere Zone der Kräuterspirale ist voll besonnt, der Boden durchlässig, mager und trocken. An diesem Standort fühlen sich die mediterranen Kräuter wohl: Thymian, Majoran, Salbei, Rosmarin, Lavendel, Bohnenkraut, Currykraut.

Mittlere Zone

Die mittlere Zone ist sonnig bis halbschattig, gemäßigt nährstoffreich und trocken. Hier gedeihen viele Kräuter wie Oregano, Ysop, Melisse, Pimpinelle, Portulak.

Untere Zone

Die untere Zone ist möglichst nährstoffreich, feucht und sonnig. Sie wird von Kräutern wie Schnittlauch, Petersilie, Kerbel, Indianernessel, Knoblauchrauke und Sauerampfer bevorzugt.

Neben den hier angeführten „klassischen" Küchenkräutern gibt es noch zahlreiche weitere, wie sich in den später beschriebenen Bepflanzungsbeispielen dieses Buches noch zeigen wird.

Den Abschluss der auslaufenden Spirale bildet eine kleine Wasserfläche, die sich bei einer idealen in Nord-Süd-Ausrichtung im Süden davor befindet. Für diesen „Miniteich" wird ein flaches Gefäß eingegraben oder eine kleine Mulde mit Teichfolie ausgelegt. Die Wasserfläche sorgt für Verdunstung und Luftfeuchtigkeit

Ausbreitungsdrang und andere Besonderheiten

Einige Kräuter nehmen viel Platz in Anspruch oder brauchen einen besonderen Schutz.

Alant, Liebstöckel und Meerrettich werden sehr groß und passen nur auf besonders große Kräuterspiralen. Minze und Estragon bilden Wurzelausläufer und breiten sich sehr stark aus. Sie müssen auf der Kräuterspirale regelmäßig im Zaum gehalten werden, damit sie andere Kräuter nicht überwuchern. Auch bei Kapuzinerkresse und Beinwell ist Vorsicht geboten, da sie sich gern ausbreiten.

Soll Wermut integriert werden, muss man bedenken, dass seine besonderen Wurzelausscheidungen das Wachstum von anderen Kräutern hemmen.

Dass Basilikum nährstoffreiche, feuchte Erde und viel Wärme benötigt, ist hinlänglich bekannt; darüber hinaus ist das gern verwendete Küchenkraut aber auch sehr schneckengefährdet. Es wird deshalb am besten extra in einem Tontopf gezogen. Auch Rosmarin braucht einen geschützten Platz und sollte im Winter ins Haus. Wenn er die kalte Jahreszeit über im Freien bleibt, sollte er fest eingepackt werden.

Eine kleine Wasserstelle am Fuße der Kräuterspirale erweitert das Spektrum der anbauwürdigen Kräuter.

und speichert tagsüber zusätzlich Wärme, die nachts langsam an die Umgebung abgegeben wird. Sie ist nicht nur für Vögel eine beliebte Tränke, viele Kleintiere und Insekten kommen gern zum Trinken. Im Wasser können Brunnenkresse und bei ausreichender Größe auch Wasserminze gezogen werden.

Kräuterauswahl

Bei der Auswahl der Kräuter sollten neben der Nutzung auch Farbe und Wuchsform bedacht werden und ob die Kräuter ein- oder mehrjährig wachsen. Eventuell spart man Lücken für einjährige, bunt blühende Kräuter auf. Eine besonders schöne Wuchsform haben Salbei, Rosmarin, Lavendel oder Blauraute.

Durch bläulich silbrige Blätter fallen Wermut, Eberraute, Weinraute, Salbei und Heiligenkraut auf. Von Thymian, Oregano und Salbei gibt es Sorten mit goldgelben, rötlichen oder bunten Blättern.

Der beste Zeitpunkt

Eine Kräuterspirale baut man am besten im Frühjahr, denn dann wird mit dem Bepflanzen in die neue Gartensaison gestartet und im Sommer kann bereits ausgiebig geerntet werden. Ideal ist es, wenn sich die frisch aufgeschüttete Erde noch ein bis zwei Wochen setzen kann, vor allem nach Regengüssen. Bei Bedarf wird dann noch Erde nachgefüllt, bevor man die Kräuterspirale bepflanzt. Die Kräuter werden durch Wurzelteilung vermehrt, aus Samen vorgezogen oder als Jungpflanzen gekauft. Einjährige Kräuter werden direkt auf der Kräuterspirale ausgesät.

Bau der Kräuterspirale

Die Grundfläche der Kräuterspirale beträgt idealerweise 2 m Durchmesser. Diese Größe ergibt sich, wenn man von einer Breite des spiralig ansteigenden Beetes von 60 cm ausgeht. Die Einfassungssteine nehmen ebenfalls einiges an Platz ein und sollten nicht zu klein sein, um später nicht völlig unter dem Bewuchs zu verschwinden. Sie sind der gestalterische Rahmen und verleihen der Kräuterspirale die Form. Außerdem lehnen sich die Kräuter gern daran an, um die von der Sonne gespeicherte Wärme aufzunehmen. In dieser Größe ist die Spirale

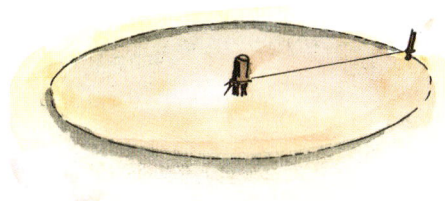

Mit einem Holzpflock, einer Schnur, einem Stab wird der Umriss der Kräuterspirale markiert.

Die Kräuterspirale sollte etwa 2 m Durchmesser und 60 cm Höhe haben.

Im unteren Bereich endet die Spirale mit einem kleinen Wasserbecken.

Bau mit Erdhügel: Die Steinspirale wird auf einen Hügel aus Stein-, Schutt- und Erdmaterial aufgelegt. Eine kleine Mulde wird mit Teichfolie ausgekleidet.

Die Substrate Gartenerde mit Kompost, Gartenerde und Sand bilden die untere, mittlere und obere Zone der Kräuterspirale. Die Teichmulde wird mit Steinen eingefasst.

Bau als Turm: Zuerst wird aus Steinen ein spiralenförmig auslaufender Turm gebaut.

Dieser wird erst mit grobem Material verfüllt und anschließend mit den unterschiedlichen Substratschichten je nach Zonierung fertiggestellt.

von allen Seiten bis oben zum Mittelpunkt hin gut zu erreichen. Bei größeren Spiralen werden im äußeren Bereich einige Trittsteine gelegt, um die Kräuter in allen Zonen „griffbereit" zu haben. Je nach Platzverhältnis kann eine Kräuterecke entstehen oder eine „halbe" Kräuterspirale an einer Mauer lehnen.

Bau einer Kräuterspirale auf einem Erdhügel

Nach der Abgrenzung der Fläche wird die oberste Bodenschicht spatentief ausgehoben und seitlich gelagert. Sie wird mit Steinen oder lockerem, durchlässigem Erdmaterial verfüllt.

Ein Hügel aus Steinen und Erdmaterial mit einer Höhe von etwa 50 cm ist schnell und einfach aufgeschüttet. Auch Ziegelreste, Schotter und sauberer Bauschutt sind gut geeignet. Das Material sollte möglichst durchlässig sein, um einen guten Wasserabzug zu gewährleisten. Um diesen Hügel herum werden die formgebenden Steine spiralig aufgelegt: Dazu eignen sich größere Feldsteine, Kalkstein, Sandstein, Klinker, alte Ziegel oder Dachziegel. Die nun eingegrenzte Beetfläche wird mit unterschiedlichem Substrat mit einer Schichtdicke von 15–25 cm verfüllt. Dafür kann auch der abgetragene Oberboden, befreit von Pflanzen- und Wurzelresten, eingearbeitet werden. Von unten ausgehend wird zuerst in der unteren Zone gute Gartenerde, vermischt mit Kompost, aufgetragen, in der mittleren Zone reine Gartenerde und im oberen Bereich ein Gemisch aus Sand und Erde.

Bau eines spiraligen Turms

Eine andere Methode ist der Bau einer spiralig zu einem Turm ansteigenden Mauer. Dies ist mit Klinker oder mit quaderförmigen Natursteinen möglich, die sich gut übereinanderschichten lassen. Auch hier ist ein Abtrag des gewachsenen Bodens und eine Verfüllung mit Dränagematerial sinnvoll, um einen frostsicheren Untergrund für die Mauer und einen guten Wasserabzug zu gewährleisten. Das mit der Mauer ansteigende Beet wird zuunterst wieder mit Stein- und Schuttmaterial aufgefüllt, darüber kommen dann die Substratschichten mit einer Dicke von 15–25 cm der jeweiligen Zonen.

Systeme mit Drahtkörben (Gabionen)

Gabionen sind momentan sehr modern und auch einfach in der Handhabung. Die Drahtkörbe werden auf einem ebenen, festen Untergrund aufgestellt und können mit einem Fundament oder mit Säulen verankert werden. Anschließend kommen in die Körbe möglichst regionaltypische Steine.

Es können auch mehrere Schichten unterschiedlicher Steinmaterialien oder selbst gesammelte Steine eingebaut werden. Als schöner „Nebeneffekt" finden Käfer und Kleintiere zwischen den Steinen Unterschlupf, zusätzlich kann auch ein Insektenquartier für Wildbienen und Hummeln eingebaut werden. Dieses sollte nach Osten bis Süden ausgerichtet sein.

19

Lage und

Gestaltung

Blick von der höher liegenden Terrasse beim Haus auf die Kräuterspirale.

Dieselbe Kräuterspirale von der unteren Ebene aus gesehen, mit seitlichem Stiegenaufgang.

Die Kräuterspirale verlangt einen sonnigen Platz – vor allem viele mediterrane Kräuter sind ausgesprochen sonnenhungrig. Unter den kargen, trockenen Bedingungen auf der Spitze der Kräuterspirale wachsen sie nicht so rasch und bilden die höchste Konzentration an wertvollen Inhaltsstoffen aus, und bei hoher Sonneneinstrahlung entfalten sie ihr volles Aroma. Jene Kräuter, die auch Halbschatten vertragen und mehr Feuchtigkeit brauchen, gedeihen auf der Schattenseite und weiter unten auf der Kräuterspirale.

Kräuter griffbereit

Neben einem sonnigen Platz ist die nächste wichtige Überlegung die Erreichbarkeit vom Haus aus. Die Kräuterspirale sollte möglichst

nahe von der Küche aus zu erreichen sein, dann kann man auch während des Kochens noch schnell ein paar Kräuter holen. Und wenn es regnet? Am besten werden gleich beim Bau einige Trittsteine vom Haus bis zur Kräuterspirale eingeplant, damit man nicht durch hohes nasses Gras gehen muss. Ideal ist ein Platz direkt im Anschluss an die Terrasse, die ja meist zur Sonnenseite hin ausgerichtet ist. Die Kräuter bieten zugleich Duft und Blüten direkt vor der Küchentür und es können Küchenkräuter mit speziellen Duft- und Blühkräutern kombiniert werden. Auch ein paar Kräuter speziell für Kinder bieten sich in diesem Bereich an. Wenn von der Terrasse weg eine Böschung in den Garten abfällt, kann dieser eher ungenutzte Bereich in eine Kräuterspirale verwandelt und so optimal verwendet werden.

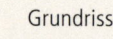
Grundriss

Seitenansicht

Große Variationsmöglichkeiten

Neben der klassischen Form der Kräuterspirale sind viele Variationen möglich. Bei geringen Platzverhältnissen lassen sich natürlich auch kleinere Spiralen gestalten. Hier zeigt sich der Vorteil einer individuellen Gestaltung mit speziellen Formen und entsprechender Pflanzenauswahl.

So ergibt sich beispielsweise eine sinnvolle Lösung an der Terrasse, wenn diese höher als das Gartenniveau liegt. Bei wenig Platz kann der Niveau-Unterschied mit einer „halben" Kräuterspirale überbrückt werden.

Bei einer solchen Lösung werden mit einem Schlag gleich mehrere Anforderungen erfüllt: Die Kräuter befinden sich nahe beim Haus, sind schnell und trockenen Fußes zu erreichen und eine schwer zu bepflanzende und zu pflegende Böschung wird sinnvoll genutzt. Die Kräuterspirale vor der Terrasse lässt sich gut mit einem Stufenabgang und mit weiteren erhöhten Pflanzbeeten kombinieren. Auch hier werden die Steine direkt auf die Anschüttung zur Terrasse hin aufgelegt oder als ansteigende Mauer gebaut, in Spiralenform, aber auch unregelmäßig oder in kleinen Bögen, die dachziegelförmige kleine Terrassenebenen bilden. Bei einer Spiralform kann der Mittelpunkt auch höher sein als die Böschung beziehungsweise die Terrasse und über die Terrassenebene hinausragen. Sie ist somit gleich ein interessanter Blickfang.

Die Beetflächen zwischen den Steinen werden mit unterschiedlichen Materialien gefüllt und so die Zonen wie bei einer frei stehenden Kräuterspirale geschaffen.

Gut kombiniert

Wenn für den Anbau von Gemüse und Kräutern ein größerer Bereich im Garten zur Verfügung steht oder ein Bauerngarten mit Blumen, Wegen und Einzäunung angelegt wird, bildet die Kräuterspirale einen sehenswerten Mittelpunkt. Die angrenzenden Gemüsebeete können dabei verschiedene Formen haben – ebenfalls abgerundet oder als Kontrast dazu eckig oder abgewinkelt. Solch ein Bauerngarten braucht viel Platz. Neben den Beeten müssen Wege, Blumenränder und Zauneinfassungen miteingerechnet werden. Dafür ist der Nutzgarten ein attraktiver Gartenbereich für sich und mit Sicherheit ein gern besuchter Teil des Gartens. Die Kräuter in der Mitte können auch in einem Kräuterrondell, eingefasst mit Steinen oder Klinker, untergebracht werden. Ob Spirale oder Rondell – beide können in die Höhe wachsen und sollten eine klare Einfassung erhalten, um Struktur vorzugeben und die geometrische Anlage zur Geltung zu bringen.

Die Kräuterspirale mit einem Durchmesser von 2 m benötigt mit Wegen rundherum ca. 3 x 3 m Platz, ein Rondell mit einem Durchmesser von 1,2 m braucht 2 x 2 m Platz.

Kräuter an der Treppe

Neben Trittsteinen im Hang lassen sich Kräuter ideal anfügen und bilden so eine gestalterisch reduzierte Kräuterspirale. Sie können von den Trittsteinen aus leicht gepflegt und geerntet werden. Direkt neben den Steinstufen sind sie in einem übersichtlichen Bereich und fühlen sich wohl. Die Zonierung beziehungsweise Zuordnung der Kräuter ist hier genauso möglich.

Teich mit Feuchtrandzone und Kräuterspirale.

Ein geschützter Sitzplatz mit Mauer, die in eine Kräuterspirale übergeht.

Teich mit Kräuterspirale – passt das?

Es muss nicht immer eine Kräuterspirale mit einer kleinen Wasserfläche sein, es geht auch umgekehrt: Neben oder hinter dem Teich erhebt sich ein kleiner Hügel mit Kräutern. Das ist deshalb sinnvoll und praktisch, weil der beim Teichbau entstehende Erdhügel, der im Zuge des Aushubs aufgeworfen wurde, gleich vor Ort genutzt werden kann. Er ist dann die Basis für eine Kräuterspirale oder umrahmt in Form eines Walls den Teich im Hintergrund, um auf einer Seite in eine Kräuterspirale überzugehen. Als Bepflanzung für den Wall eignen sich Polsterstauden und Kleinsträucher, und zur leichten Begehbarkeit kann man Trittsteine legen. Möglicherweise ergibt sich sogar in der Nähe noch ein Liegeplatz, denn hier sorgen Wasser und Kräuterduft für Ruhe und Entspannung.

In der Nähe des Wassers können viele feuchtigkeitsliebende Kräuter wachsen, wie Mädesüß und Baldrian. Verdunstung und Wärmeabgabe kommen bei einer großen Wasserfläche wunderbar zur Wirkung. Bei der Anlage eines künstlichen Teichs muss allerdings berücksichtigt werden, dass es keine direkte Verbindung vom Wasser zum umliegenden Erdreich geben darf. Die Teichfolie wird über einen speziell ausgebildeten Rand (Kapillarsperre) gezogen, damit die umgebenden Pflanzen nicht in den Teich wachsen und das Wasser aus dem Teich „ziehen". Dieser Rand wird meist mit Steinen abgedeckt. Direkt neben dem Wasser kann die Erde schon trocken sein. Für die Kräuter, die es feucht oder wechselfeucht mögen, wird mit der Folie ein extra Randbereich geschaffen.

Platz für Tiere

Ein Hügel mit Steinen direkt neben dem Wasser ist für die heimische Fauna ideal. Die Tiere finden in den Ritzen und Spalten Unterschlupf und nutzen die Wärme der Steine. Damit Vögel und Kleintiere auch vom Teichwasser trinken können, müssen ein Flachwasserbereich und genügend gut einsehbare Freifläche darum herum angelegt werden.

Kräuterspirale als Sitzplatzeinfassung

Genauso wie um einen Teich kann eine Kräuterspirale oder ein Wall mit einem Kräuterhang eine schützende Umrahmung für einen Sitzplatz im Garten bilden und Wind- und Sichtschutz bieten. Der Wall kann auch „halb" mit einer Mauer auf der Innenseite des Sitzplatzes ausgeführt werden, dies erhöht das Gefühl von Geborgenheit. Sitzt man im Kreis der Kräuter, befinden sich Blüten und Düfte der Kräuter fast auf Augenhöhe und werden viel stärker wahrgenommen als von Kräutern, die am Boden wachsen. Es müssen auch nicht immer Küchenkräuter sein, hier eignen sich andere Kräuterthemen besonders gut.

Gut genutzter Spielhügel

Ein Spielhügel kann auf einer Seite sehr gut als Kräuterspirale genutzt werden, vielleicht sogar als Kinderkräuterbeet. Die Kinder freu-

Ein vielfach genutzter Hügel zum Spielen und Ernten.

en sich, jederzeit Minzen- und Melissenblätter zupfen zu können, oder auch Schnittlauch und Petersilie, ob zum Riechen oder für die „Freilandküche". Zusätzlich kann auf der Rückseite des Spielhügels noch eine Naschhecke mit Beerensträuchern gesetzt werden und vorn ein Erdbeerbeet darauf Platz finden.

Auch Stücke von Baumstämmen und Ästen kann man einbauen.

Sind die Kinder größer geworden, wird aus dem Spielhügel eine Kräuterspirale, die Sandgrube davor kann zur Feuerstelle umfunktioniert oder in einen Teich oder ein Sumpfbeet umgewandelt werden.

Spielhügel mit Sandgrube, Beeren- und Blühsträuchern.

Später wird aus dem Hügel eine Kräuterspirale und aus der Sandgrube ein Teich.

Klassische

Bepflanzungen

Eine Kräuterspirale kann je nach Platzverhält-nissen, Vorlieben und Ernährungs- beziehungs-weise Kochgewohnheiten der jeweiligen Besit-zer unterschiedlich bepflanzt werden. Im Folgenden werden verschiedene Kombinati-onsmöglichkeiten und empfehlenswerte Kräu-ter vorgestellt. In den Kräuterporträts sind die wichtigsten Angaben zu Herkunft, Ernte, Wir-kung, Pflege, Standort auf der Kräuterspirale und zur Verwendung der Kräuter angegeben.

Küchenkräuter – kleines Sortiment

Wer nur wenig Platz hat oder erst mal aus-probieren möchte, ob die Kräuterspirale auch wirklich genutzt wird, sollte mit einem Durch-messer der Spirale von 1–2 m beginnen.

Die endgültige Gesamtgröße hängt dabei auch vom Baumaterial ab, schmale Drahtschot-tergeflechte (oder hochkant aufgestellte Holz-latten/Platten) nehmen weniger Platz ein als

Sonne- und trockenheitsverträgliche Kräuter kommen in den oberen Bereich.

Natursteine, aber auch aus kleinen Natursteinen können besonders hübsche Kräuterspiralen entstehen.

Die wichtigsten (Suppen-)Kräuter und medi-terranen Kräuter passen auf eine kleine Kräu-terspirale direkt neben der Terrasse oder der Küchentür.

Frische Kräuter für Pasta, Pizza und Grillgerichte

Zu mediterranen Speisen passen besonders gut Thymian, Majoran, Oregano und Basili-kum; sie vollenden Pastagerichte ebenso wie Grill- und Fleischspeisen.

Ganz frisch geschnitten und schon am Teller – so sind die besten Inhaltsstoffe garantiert.

Welches Kraut wohin?

Hat eine kleine Wasserstelle am Fuß der Kräuter-spirale Platz, so ist Brunnenkresse ein gutes Kü-chenkraut. Minzen, die alle mehr oder weniger stark wuchern, das heißt sich mit Ausläufern ver-mehren, müssen im Zaum gehalten werden. Wer Pfefferminze mag oder eher Nudelminze oder spezielle Schokolade-, Ananas- oder sonstige Minzesorten bevorzugt, kann sich eine Sorte in der kleinen Küchenkräuterspirale im Feuchtbe-reich ziehen oder die Minze im Topf kultivieren.

Im feuchteren unteren Bereich gedeiht Peter-silie am besten. Die zweijährige Petersilie wird ausgesät, liebt feinkrümelige Erde und sollte vor Nacktschnecken geschützt werden. Dies kann

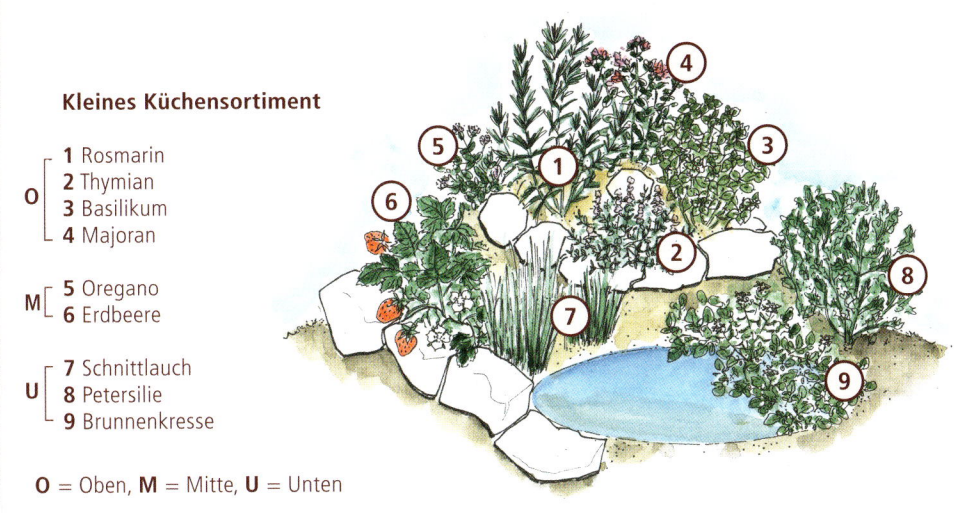

Kleines Küchensortiment

O ⎡ **1** Rosmarin
 ⎢ **2** Thymian
 ⎢ **3** Basilikum
 ⎣ **4** Majoran

M ⎡ **5** Oregano
 ⎣ **6** Erdbeere

U ⎡ **7** Schnittlauch
 ⎢ **8** Petersilie
 ⎣ **9** Brunnenkresse

O = Oben, **M** = Mitte, **U** = Unten

man durch Streuen von trockenem, rauem Material wie Eierschalen, Holzhäcksel oder Flachsmulch erreichen. Schnittlauch (siehe Seite 50) kommt auch mit etwas weniger Sonne zurecht und kann daher im nördlicheren Bereich der Kräuterspirale wachsen. Liebstöckel benötigt ebenfalls nahrhafte Erde und nicht zu trockenen Standort, kann aber auch sehr groß werden, daher plant man am besten genügend Platz im mittleren Bereich der Spirale ein. Kresse (sie-

Auf einer kleinen Kräuterspirale werden die wichtigsten Kräuter vereint.

he Seite 46) kann in „Lücken" im mittleren Bereich gesät werden.

Im oberen Bereich werden die mediterranen Kräuter platziert: Majoran und Oregano können 50 cm und höher werden, daher folgen sie dem Liebstöckel in aufsteigender Reihenfolge. Basilikum wird jedes Jahr neu gesät und ist auf einem warmen, eher mageren Standort anzutreffen. Das Kraut braucht freien Platz, viel Sonne, aber austrocknen soll es auch nicht, also regelmäßig feucht halten!

Am genügsamsten bezüglich der Ansprüche an den Boden ist Thymian, der auch zwischen Steinen und auf Felskuppen wachsen kann. Sein Aroma wird intensiver, je mehr Sonne er einfangen kann. Rosmarin (siehe Seite 72) braucht ebenfalls viel Sonne und durchlässigen, mageren Boden und kann gemeinsam mit Thymian (siehe Seite 67) an oberster Stelle gepflanzt werden. Winterschutz ist vor allem für Rosmarin unabdingbar, da er sonst in strengen Wintern ganz abfrieren kann.

Ergänzt werden kann die kleine Kräuterspirale durch Monatserdbeeren, die den ganzen Sommer über kleine süße Früchte liefern.

Basilikum fühlt sich in der oberen Zone wohl.

Porträts
Küchenkräuter (Teil 1)

Basilikum
(Basilienkraut, Königskraut, Königsbalsam,
Pfefferkraut, Bienenkraut) *Ocimum basilicum L.* |
Lippenblütler (Lamiaceae)

▶ Beschreibung

Das Wort Basilikos stammt aus dem Griechischen und bedeutet „königlich", wegen des edlen Duftes. Das (meist) einjährige, buschig wachsende Basilikum wird zwischen 20–70 cm hoch. Die kreuzgegenständigen Blätter können je nach Art und Sorte unterschiedlich

sein, bis zu 5 cm lang und 3 cm breit, aber auch viel kleiner. Die weiße Blüte erscheint im Juni bis September. Die ganze Pflanze duftet aromatisch.

Viele Basilikumarten sind in Afrika und Südamerika heimisch. Bereits 1000 v. Chr. wurde das Kraut in Vorderindien kultiviert. Im 12. Jahrhundert kam Basilikum nach Mitteleuropa. In Indien hat es vor allem eine religiöse Bedeutung; das indische Basilikum *(Ocimum sanctum)*, auch „heiliges Basilikum" genannt, ist dem Gott Vishnu geweiht und gilt dort als Allheil- und Verjüngungsmittel sowie Aphrodisiakum.

Meist wird Basilikum gesät, im Zimmer vorgezogen und erst Mitte Mai ins Freie gesetzt. Da es zum „Lieblingsfutter" von Nacktschnecken gehört, ist es nur oben auf der Kräuterspirale oder in Töpfen sicher. Eine Nachsaat bis September ist möglich. Der Samen darf nicht mit Erde bedeckt werden, denn Basilikum ist ein Lichtkeimer.

▶ Ernte

Kurz vor der Blüte ist die beste Zeit zum Abzupfen der Blätter, die frisch verwendet werden, da sie durch Trocknen rasch an Aroma verlieren.

▶ Wirkung

Appetitanregend, entwässernd, entblähend, entzündungshemmend, magenstärkend und verdauungsanregend, fiebersenkend und antibakteriell, entwurmend; eine der wichtigsten Heilpflanzen des Ayurveda.

▶ Standort Kräuterspirale

Basilikum ist sehr wärmebedürftig und empfindlich gegen Staunässe, braucht also einen durchlässigen, aber nährstoffreicheren Boden. Es gehört daher in den oberen bis mittleren Bereich der Kräuterspirale, an eine sehr sonnige Stelle. Bei Trockenheit muss regelmäßig gegossen werden, denn Basilikum mag zwar keinen staunassen Boden, hat es aber gern feucht.

▶ Verwandte Arten

Basilikum wird in zwei Unterarten gegliedert, daneben gibt es noch andere Unterteilungen in verschiedene Varietäten:
- *Ocimum basilicum L. subsp. basilicum*, eine in Europa vorkommende Form
- *Ocimum basilicum subsp. minimum L.* wird in Indien vielfach als Zierpflanze kultiviert

▶ Es gibt eine Vielzahl von Sorten
- 'Großes Grünes', 'Genoveser'
- 'Lemon': Zitronenbasilikum mit Zitrusaroma, das gut zu Fischgerichten passt
- 'Cinnamon': Zimtbasilikum
- 'Opal': rotblättrige Sorte
- Busch- oder Zwergbasilikum: 15 cm hohe Zierform
- Baumbasilikum (*O. gratissimum*): wildes Basilikum aus den Tropen Afrikas und Asiens mit Nelkenaroma und scharfem Geschmack

Liebstöckel

(Luststock, Maggikraut, Gichtstock, Nervenkräutl)
Levisticum officinale | Doldenblütler (Apiaceae)

▶ Beschreibung

Dieses ausdauernde Kraut aus dem alten Persien wird 1,5–2 m hoch und braucht sehr viel Platz. Es wächst auf feuchtem, nahrhaftem Boden, in der Sonne und im Halbschatten. Die Blätter sind zwei- bis dreifach fiedrig geteilt, dunkelgrün, glänzend; ihr Duft erinnert an Sellerie. Liebstöckel enthält ätherische Öle und wird vor allem als Suppengewürz, aber auch auf Salaten und in Gemüse- und Fleischgerichten verwendet. Der Geschmack ist intensiv, deshalb sollte man das Kraut zum Würzen sparsam dosieren. Liebstöckelblätter werden mitgekocht und gelten auch als gesunder Salzersatz.

Liebstöckel ist eine Staude und wird am besten als Jungpflanze gekauft und an den passenden Platz auf der Kräuterspirale gesetzt. Durch Teilung des Wurzelstocks wird die Pflanze vermehrt.

▶ Ernte

Liebstöckel kann den gesamten Sommer über geerntet werden. Hauptsächlich werden die Blätter genutzt, aber auch die Wurzeln können verwendet werden. Die Samenkörner aromatisieren Liköre.

▶ Wirkung

Gegen Blasen- und Verdauungsbeschwerden, harntreibend, anregend auf Stoffwechsel und Verdauung, entblähend, entwässernd, krampf- und schleimlösend; Blätter als Badezusatz wirken beruhigend bei Hautentzündungen, gegen Schweißfüße.

▶ Standort Kräuterspirale

Eigentlich passt Liebstöckel gut in die untere Zone, weil er nahrhaften, eher feuchten Boden bevorzugt. Allerdings kann das Kraut sehr hoch werden, sodass ein Platz in der mittleren Zone ebenfalls möglich ist.

Majoran

(Gartenmajoran, Kuchelkraut, Kuttelkraut, Wurstkraut, Badkraut, Mairon) *Origanum majorana L.* oder *Majorana hortensis* | Lippenblütler (Lamiaceae)

▶ Beschreibung

Die Wildform des Majoran stammt aus Kleinasien. Das ausdauernde Kraut verholzt mit der Zeit und kann dann wie ein Kleinstrauch bis 80 cm hoch werden. Die gegenständigen, kleinen, runden Blätter sind leicht behaart, aus den kugelförmigen Blütenknospen entwickeln sich rosa-violette Blüten, von Juni bis September.

Im alten Griechenland galt Majoran als Symbol der Glückseligkeit, daher wurden bei Hochzeiten oft Girlanden und Kränze aus Majoran verwendet. Die Griechen und Römer würzten vor allem Fleischgerichte mit Majoran, aber auch den Wein. Im Mittelalter wurde Majoran gegen verschiedenste Krankheiten eingesetzt.

Majoran passt frisch besonders gut zu Fleischgerichten, Suppen, Eintöpfen, Kartoffeln und schweren Gemüsesorten wie Hülsenfrüchte und Kohl. Er ist milder als Oregano und macht fette Speisen bekömmlicher.

Gesetzt werden Jungpflanzen, es können aber auch Samen ab Mai ausgesät werden.

▶ Ernte

Es werden Blätter, aber auch ganze Triebe von Mai bis Oktober abgezupft. Das Kraut sollte eher frisch verwendet werden, denn beim Trocknen gehen Aromastoffe verloren; das Trocknen ist aber eine mögliche Form der Haltbarmachung.

▶ Wirkung

Tee bei Erkältungskrankheiten und Bronchitis, als Tee und Salbe auch gegen Blähungen; gegen Frauenkrankheiten (z. B. bei Scheidenpilzen: Majpransalbe); Majoransalbe krampflösend, verdauungsfördernd, entblähend, schleimlösend, beruhigend, appetitanregend; antibakteriell und pilzhemmend.

▶ Standort Kräuterspirale

Majoran entfaltet nur in sehr sonniger, windgeschützter Lage auf gut wasserdurchlässigem Boden sein volles Aroma und wird daher in der obersten Zone platziert.

▶ Verwandte Arten

- Diptam-Dost, Kreta-Majoran *(Origanum dictamnus)*: anspruchsvoll, nicht ganz winterhart, deshalb Winterschutz nicht vergessen; graue, wintergrüne Blätter, rosafarbene Blüten; wächst auf natürlichem Standort an steinigen Hängen
- *Majorana syriaca*: Wird in Westasien (Jordanien, Libanon, Syrien, Israel) zum Kochen genutzt, er ist dort meist in einer Gewürzmischung als Zahtar zu finden.
- *Origanum x majoricum*: Kreuzung zwischen Oregano und Majoran, die geschmacklich eine Mischung beider Arten darstellt.

Oregano

(Origano, Dost, Wilder Majoran, Orangenkraut, Wohlgemut, Frauendost, Berghopfen) *Origanum vulgare* | Lippenblütler (Lamiaceae)

▶ Beschreibung

Dost gelangte von Asien nach Südeuropa und von dort mit den Mönchen im Mittelalter zu uns. Die buschige Staude wird bis zu 50 cm hoch, die Basis der Stängel kann leicht verhol-

Die kleinen Oreganoblüten sind bei Bienen sehr beliebt.

zen. Sie hat ein weitverzweigtes Wurzelsystem, dicht beblätterte, manchmal rötlich überlaufene Stängel und im Sommer rosa-lila Blüten, die viele Insekten anziehen.

Oregano enthält ätherisches Öl mit Thymol sowie Gerb- und Bitterstoffe und ist ein typisches mediterranes Gewürz. Genauso gut kann aus den Blättern Tee, Badezusatz und Gurgellösungen hergestellt werden. Oregano schmeckt wilder und herber als Majoran und passt gut zu Pizza, Kartoffelgerichten, Suppen, Tomatensoßen, Eier- und Topfen/Quarkgerichten.

Oregano zieht über den Winter nicht ein und wird deshalb am besten im Frühjahr dicht über dem Boden abgeschnitten, damit ein Neuaustrieb erfolgt.

▶ Ernte
Vom Frühjahr bis in den Herbst können frische Blätter abgezupft werden. Zur Blütezeit schneidet man ganze Triebe zum Trocknen ab.

▶ Wirkung
Antiseptisch, antiviral, desinfizierend, appetitanregend, fördert Milchfluss, verdauungsan-

regend, gegen Blähungen und Durchfall; bei Husten und Zahnfleischentzündungen.

▶ Standort Kräuterspirale
Oregano bevorzugt voll Sonne und einen durchlässigen Boden, der nicht nährstoffarm sein darf. Am besten passt er in die mittlere Zone, kann aber auch in die obere Zone gesetzt werden.

▶ Verwandte Arten
• Griechischer Oregano, Pizza-Oregano *(Origanum heracleoticum* syn. *O. vulgare subsp. hirtum)*: mehrjährig, winterfest, sehr würzig; bevorzugt einen sonnigen Standort und wasserdurchlässigen Boden, der aber nicht austrocknen darf.
• Kretischer Dost, Französischer Majoran *(Origanum onites)*: stammt aus Sizilien, mehrjährig, behaart, mäßig winterhart; passt in die oberste Zone der Kräuterspirale.

Petersilie
(Peterle, Petergrün, Silk, Bittersilche, Kräutel)
Petroselinum crispum | Doldenblütler (Apiaceae)

▶ Beschreibung
Bereits im antiken Griechenland war Petersilie ein geschätztes Kraut, von den Griechen und Römern wurde es aus dem südlichen Europa mitgebracht. Im Volksglauben hält Petersilie das Böse fern und schützt vor Zauberei und dem Teufel. Es wird in verschiedenen Ländern bei Hochzeiten verräuchert. In der Antike galt Petersilie als Symbol der Wiedergeburt.

Petersilie zählt zu den wichtigsten Kräutern beim Würzen und Garnieren. Das Kraut sollte

Petersilienhustensaft

Petersilie hat auch eine heilende Wirkung. Für einen Hustensaft werden eine Handvoll gehackte Petersilienblätter, zwei Teelöffel Honig und Saft von drei Zitronen vermischt und über Nacht stehen gelassen. Bei Husten nimmt man jede Stunde einen Esslöffel der Mischung zu sich.

stets frisch verwendet werden, da es wertvolle Vitamine und Mineralstoffe enthält, zum Beispiel Eisenoxid, verschiedene B-Vitamine und Folsäure, die beim Kochen verloren gehen. Nur die Wurzeln werden mitgekocht.

Petersilie hat außerdem einen hohen Gehalt an Vitamin C, Kalzium und ätherischen Ölen. Die Samen sind apiolhaltig und in größeren Dosen abortiv. Sie dürfen daher nicht in der Schwangerschaft eingenommen werden.

Petersilie wird 30–100 cm hoch und wächst zweijährig, das heißt, sie bildet im ersten Jahr Wurzeln und Blätter und im zweiten Jahr Blüten. Die Blätter sind doppelt bis dreifach gefiedert, die Wurzel ist rübenförmig.

Von der Aussaat bis zum Aufgang vergehen meist zwei bis vier Wochen, es lohnt sich deshalb, die Petersilie in Kästen vorzuziehen und erst die Jungpflanzen auszusetzen. Am besten pflanzt man das Kraut jedes Jahr auf einen anderen Platz. Aussaat direkt ins Beet kann ab Mitte März erfolgen. Die Erde sollte feucht, aber nicht staunass sein.

▶ Ernte

Blätter und Wurzeln können von Juli bis September geerntet werden. Petersilie lässt sich gut einfrieren, die Wurzel auch trocknen.

▶ Wirkung

Stärkend, blutbildend, harntreibend, appetitanregend, entblähend, antiseptisch, krampflösend, entzündungshemmend, schmerzlindernd, anti-oxidativ; menstruationsfördernd, entwässernd; als Tee gegen Gicht, Arthrose, Blasen-, Nierenentzündungen und Menstruationsbeschwerden; Petersilie hemmt den Milchfluss, Petersilienkraut kann äußerlich zum Abschwellen von Milchknoten stillender Mütter eingesetzt werden.

▶ Standort Kräuterspirale

Petersilie benötigt einen sonnigen bis halbschattigen Platz und passt am besten in die untere bis mittlere Zone.

▶ Verwandte Arten

Die Wurzelpetersilie (*Petroselinum crispum* subsp. *tuberosum*) ist eine Unterart der Petersilie und bildet eine rübenförmige Wurzel aus. Die Blätter ähneln der glatten Schnittpetersilie. Am häufigsten verwendet wird die Krause Petersilie. Es gibt sehr viele verschiedene Sorten.

Küchenkräuter – großes Sortiment

Wer Platz für eine stattliche Kräuterspirale von etwa 2–3 m Durchmesser hat, kann sehr viele Kräuter unterbringen. Auch ausgefallenere Arten, z. B. Weinraute oder Ysop, die beide sehr schön blühen, ergänzen die Grundausstattung. Estragon passt gut zu Fleischspeisen, und Dill und Bohnenkraut sind beliebte Küchenkräuter.

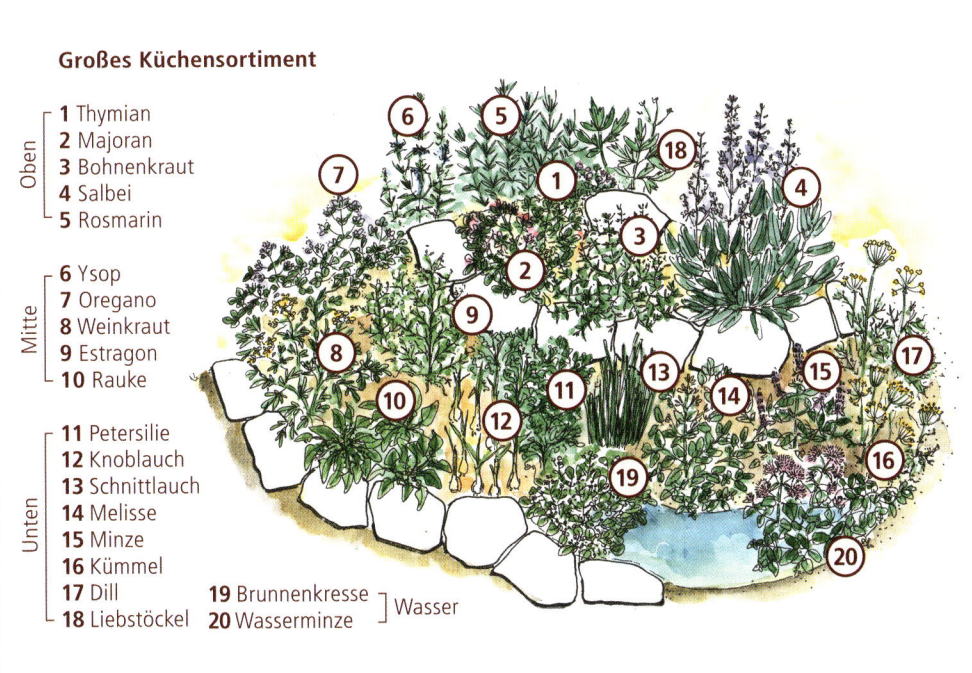

Leicht zugänglich platzierte Kräuter werden in der Küche häufiger
verwendet als Kräuter von abseits gelegenen Beeten.

Großes Küchensortiment

Oben
1 Thymian
2 Majoran
3 Bohnenkraut
4 Salbei
5 Rosmarin

Mitte
6 Ysop
7 Oregano
8 Weinkraut
9 Estragon
10 Rauke

Unten
11 Petersilie
12 Knoblauch
13 Schnittlauch
14 Melisse
15 Minze
16 Kümmel
17 Dill
18 Liebstöckel

19 Brunnenkresse ⎤
20 Wasserminze ⎦ Wasser

Porträts
Küchenkräuter (Teil 2)

Berg-Bohnenkraut ist sehr anpassungsfähig und genügsam.

Berg-Bohnenkraut

(Winter-Bohnenkraut, Pfefferkraut, Weinkraut)
Satureja montana | Lippenblütler (Lamiaceae)

▶ Beschreibung

Das ausdauernde, winterharte Kraut brachten die Benediktinermönche im 9. Jahrhundert aus dem Mittelmeerraum über die Alpen. Es hat schmale graugrüne Blätter mit winzigen Blüten, die von Juni bis September erscheinen. Im Frühjahr werden die Triebe handhoch zurückgeschnitten. Als Pfeffer- oder Salzersatz ist Bohnenkraut sehr gut einsetzbar, da es sehr aromatisch und pfeffrig schmeckt. Es harmoniert beim Kochen mit Ysop, Rosmarin, Zwiebeln und Thymian, nicht aber mit Majoran oder Oregano.

Der Name Bohnenkraut hat seine Berechtigung: Schwere blähende Gerichte, wie Bohneneintopf, können durch die Zugabe von Bohnenkraut bekömmlicher gemacht werden. Aber Vorsicht beim Dosieren, denn Bohnenkraut schmeckt sehr intensiv. Blätter und Stängel können frisch oder getrocknet für Bohnengerichte, Salate, Tomatensoßen und Grillmarinaden und zum Aromatisieren von Speiseölen verwendet werden.

Das Kraut ist sehr genügsam und muss nur wenig gegossen werden. Im Frühling fördert eine Kompostgabe das Wachstum.

▶ Ernte

Zur vollen Blüte von Juni bis September wird das ganze blühende Kraut geerntet. Bohnenkraut behält auch nach dem Trocknen sein Aroma.

▶ Wirkung

Magenstärkend, blähungshemmend, entkrampfend, keimtötend; appetitanregend, schleimlösend; auch als Tee bei Magenkrämpfen, Erbrechen, Halserkrankungen und Erkältungen einsetzbar.

▶ Standort Kräuterspirale

Bohnenkraut liebt einen trockenen und sonnigen Standort und fühlt sich in der oberen Zone wohl.

▶ Verwandte Arten

Einjähriges Bohnenkraut oder Sommer-Bohnenkraut (*Satureja hortensis*) ist in östlichen Mittelmeerländern heimisch und kann auch auf der Kräuterspirale integriert werden. Es passt zu Fleisch, Fisch und Eintöpfen und hat eine stärkere Würzkraft als Berg-Bohnenkraut.

Dill

(Gurkenkraut, Blähkraut, Gartenkümmel)
Anethum graveolens | Doldenblütler (Apiaceae)

▶ Beschreibung

Das einjährige Dillkraut wurde schon in altägyptischen Schriften erwähnt, auch große

Dill muss zusammengebunden
und gestützt werden.

Ärzte der Antike wie Dioskurides und Plinius sowie Karl der Große empfahlen den Anbau. Da es bis zu 1 m hoch wird, kann es auch neben der Kräuterspirale an einer sonnigen, aber eher feuchten Stelle angebaut werden. Ab April werden Dillsamen gesät, die fein gefiederten Blättchen werden laufend frisch geerntet. Im Sommer erscheinen viele kleine gelbe Blüten in großen Dolden, die sehr zierend sind und zahlreiche Insekten anziehen.

Dill enthält außergewöhnlich viele Mineralstoffe und Spurenelemente (z. B. Kalium, Kalzium, Eisen, Jod, Zink), Vitamine, sekundäre Pflanzenstoffe und ätherische Öle. Als Würzkraut kann Dill zu Gurken, Fischgerichten, Salaten und Eintöpfen verwendet werden und zum Aromatisieren von Essig.

▷ Ernte
Vom Juni bis zum September können die Blättchen und Triebe abgezupft und frisch oder getrocknet verwendet werden. Zur Blütezeit ist Dill besonders aromatisch.

▷ Wirkung
Blähungshemmend, entkrampfend, entwässernd, entschlackend; appetit- und verdauungsanregend, unterstützt das Abwehrsystem;

Dillsamen wirken als Tee entkrampfend, beruhigend, harntreibend; Tee als Dillsamen steigert die Milchsekretion bei stillenden Müttern.

▷ Standort Kräuterspirale
Dill hat es gern sonnig und braucht immer einen leicht feuchten Boden, der aber nicht staunass sein darf. Am besten passt er deshalb in die untere bis mittlere Zone auf der Südseite. Ein windgeschützter Standort wird ebenfalls gut vertragen.

Eberraute

(Albraute, Schoßwurz) *Artemisia abrotanum* | Korbblütler (Asteraceae)

▷ Beschreibung
Mönche brachten die Eberraute aus Westasien nach Mitteleuropa. Im Mittelalter baute man sie vor allem in Klostergärten als Würz- und Heilpflanze an. Wegen ihres zitronenartigen Dufts wurde sie schon in der Antike zur Verbesserung der Raumluft eingesetzt. Zudem war sie als Mittel gegen Rheuma, aber auch als Aphrodisiakum in Gebrauch.

Der mehrjährige, bis 1 m hoch werdende Strauch hat fein gefiederte, graugrüne Blätter, die nach Zitrone duften, und zeigt von August bis in den Herbst kleine blassgelbe Blüten. Da die Eberraute nur bedingt winterhart ist, sollte sie im Spätherbst komplett zurückgeschnitten und gut mit Fichtenzweigen abgedeckt werden.

Die Pflanze enthält ätherische Öle, Gerb- und Bitterstoffe.

▷ Ernte
Frische Blätter und Triebspitzen werden den ganzen Sommer über geerntet. Wird die ganze

Pflanze im Herbst zurückgeschnitten, kann man die Triebe gebündelt und kopfüber an einen luftigen, warmen und trockenen Platz zum Trocknen hängen.

▶ Wirkung
Appetitanregend, verdauungsfördernd, wundheilend, entzündungshemmend; Tee aus Blättern wirkt bei Magen-und-Darm-Verstimmung, bei Grippe und Erkältung; lindert Menstruationsbeschwerden.

▶ Standort Kräuterspirale
Die Eberraute bevorzugt einen sonnigen, trockenen und kalkhaltigen Platz, aber humosen Boden. Sie gehört in die mittlere Zone der Kräuterspirale. Ihr breites Wachstum muss allerdings bei der Platzierung berücksichtigt werden.

▶ Verwandte Arten
Von der Eberraute existieren drei Kulturtypen: Zitroneneberraute, Kampferraute und die Coca-Cola-Pflanze.
- Coca-Cola-Pflanze, Colastrauch (*Artemisia abrotanum* subsp. *procera*): Bei Berührung verströmt der Strauch ein colaartiges Aroma, und auch ein Tee aus den jungen Triebspitzen erinnert an das Getränk.
- Echter Wermut (*Artemisia absinthium*): bitter-aromatische Staude mit grauen Blättern, zum Aromatisieren von Getränken; nur in Maßen und selten verwenden. Wermut bildet Wurzelausscheidungen, die das Wachstum der anderen Kräuter hemmen können, daher eher extra anpflanzen.

Estragon

(Drachenkraut, Schlangenkraut, Bertram, Dragon)
Artemisia dracunculus | Korbblütler (Asteraceae)

▶ Beschreibung
Die buschige, ausdauernde Staude, die bis zu 1,5 m hoch werden kann, kam mit den Kreuzfahrern aus den Steppengebieten Südrusslands und der Mongolei in den Mittelmeerraum. Die Blätter sind schmal und bis zu 6 cm lang, die unscheinbaren, gelblich grünen Blüten erscheinen von August bis Oktober in den Blattachseln. Die Blätter duften nach Lakritze. Die deutschen Namen weisen auf den Aberglauben hin, dass ein Stängel dieses Krauts vor Schlangen- und Drachenbissen schützt beziehungsweise diese sogar heilen könnte.

Estragon enthält viele Mineralstoffe, Kalium und Jod, aber auch Estragol, das im Verdacht steht, krebserregend zu sein. Daher soll das Kraut nur gelegentlich und sparsam verwendet werden. Auch für Schwangere ist von der Verwendung abzuraten, denn Estragon wirkt blutungsverstärkend.

Das Würzkraut kann zu Soßen, Marinaden, Suppen, Fleischgerichten und Omeletten gegeben werden und passt gut zu fetthaltigen Speisen. Mit Estragon aromatisierter Essig oder Senf schmeckt besonders würzig. Klein gehackte Blättchen geben Salz eine besondere Note. Getrocknet kann das Kraut auch in Kräuterkissen gegeben werden.

Estragon braucht viel Platz und gedeiht gut neben Liebstöckel. Er braucht Sonne bis Halbschatten, einen nährstoffreichen, feuchten, aber nicht staunassen Standort. Im Herbst (oder Frühjahr) wird er auf 10 cm zurückgeschnitten und mit einer dicken Mulchschicht bedeckt, um gut zu überwintern.

Knoblauch entwickelt die für Lauch typischen runden Blütenbälle.

▶ Ernte
Frische Blätter können von Mai bis Oktober abgezupft werden. Vor der Blüte geerntete und sorgfältig getrocknete Blätter behalten ihr feines Aroma am ehesten, wenn sie luftdicht und lichtgeschützt aufbewahrt oder tiefgefroren werden.

▶ Wirkung
Appetitanregend, verdauungsfördernd, harntreibend, entkrampfend, blutreinigend, entblähend, schweißtreibend; menstruationsfördernd.

▶ Standort Kräuterspirale
Die untere bis mittlere Zone auf der Südseite ist für Estragon ideal. Es muss sonnig, feucht, aber nicht staunass, und windgeschützt sein. Dass Estragon Ausläufer bildet, sollte bei der Platzwahl unbedingt berücksichtigt werden. Man kann ihn aber auch neben der Kräuterspirale einpflanzen. Er gedeiht gut neben Liebstöckel.

▶ Verwandte Arten
Man unterscheidet zwischen dem robusten, bitter schmeckenden, hohen Russischen Estragon und dem süßlich, anisartig schmeckenden, kleineren Deutschen oder Französischen Estragon.

Knoblauch
(Knofel, Gruserich, Look, Rockanbolle, Alterswurzel)
Allium sativum | Lauchgewächs (Alliaceae)

▶ Beschreibung
Die heilkräftige Wirkung der zwiebelähnlichen Pflanze ist seit etwa 5 000 Jahren bekannt; die ägyptischen Pyramidenarbeiter sollen Knoblauchrationen mitgehabt haben, um sich vor Seuchen und Durchfallserkrankungen zu schützen und mehr Stärke und Ausdauer zu erhalten. Bei den Römern galt Knoblauch als Aphrodisiakum. Wichtigstes antibiotisches Stärkungsmittel. Verlängert die Blutungszeit, daher nicht in großen Mengen vor Operationen oder gemeinsam mit Medikamenten, die die Blutgerinnung hemmen, einnehmen.

▶ Volksglaube/Mythologie
Knoblauch galt als gutes Mittel gegen alles Böse.

▶ Ernte
Sobald das Laub eingetrocknet ist, können von August bis Oktober die frischen Knollen geerntet werden.

Klassische Bepflanzungen

▶ **Wirkung**
Antibakteriell, reguliert Blutfettspiegel, reduziert schädliches LDL-Cholesterin, schützt Herz und Gefäße, wichtiges Antioxidans, durchblutungsfördernd, schleimlösend, verdauungsfördernd, desinfizierend.

▶ **Standort Kräuterspirale**
Der beste Platz für Knoblauch ist in der unteren Zone.

▶ **Verwandte Arten**
· Zwiebel *(Allium cepa)*
· Duft-Knoblauch *(Allium ramosum)*: mehrjährig, winterhart.
· Chinesischer Lauch, Schnittlauchknoblauch *(Allium tuberosum)*: stammt aus China und Indien, mehrjährig, winterhart, pflegeleicht, sonnig-halbschattig, sandig-lehmiger Boden; die mild schmeckenden Blätter werden von Mai bis September geerntet.
· Knoblauchrauke *(Alliaria petiolata)*: Wildvorkommen in feuchten Hecken und Wäldern; zweijährig; ähnlich in Geschmack und Wirkung wie Knoblauch.

Koriander
(Coriander, Wantzendill) *Coriandrum sativum* |
Doldenblütler (Apiaceae)

▶ **Beschreibung**
Das ein- bis zweijährige Doldengewächs stammt aus dem Orient und kam schon sehr früh nach Mitteleuropa. Koriander wird bereits in der Bibel erwähnt, Samen des Krauts wurden in den Gräbern der Pharaonen gefunden.

Volksglauben

Früher glaubte man, dass Korianderkörner, in einem Beutel um den Hals getragen, gegen Kopfschmerzen und Migräne schützten und das Gedächtnis stärkten. Im alten Ägypten galt Koriander als Liebesmittel, in China als Symbol für Unsterblichkeit.

In China und bei den Römern galt Koriander als wichtiges Gewürz und Heilmittel. Seit mindestens 1 200 Jahren wird Koriander schon in weiten Teilen Europas angebaut. Die Körner sind wichtiger Bestandteil von Curry und ein traditionelles Brotgewürz.

Koriander hat einen hohen Gehalt an ätherischen Ölen.

▶ **Ernte**
Von Mai bis Oktober können junge Blätter geerntet werden. Wenn es zur Blüte und Samenbildung kommt, ist auch eine Ernte der Körner möglich, die man trocknet und für Tees verwendet.

▶ **Wirkung**
Antimikrobiell, keimtötend, blähungstreibend, krampflösend, appetitanregend; bei Überempfindlichkeit gegen Doldenblütler nicht anwenden.

▶ **Standort Kräuterspirale**
An einem sonnigen, feuchten, aber nicht staunassen Platz in der unteren bis mittleren Zone auf der Südseite fühlt Koriander sich wohl. Es sollte windgeschützt sein.

Kümmel

(Wiesenkümmel, Echter Kümmel, Kumach, Garbe, Kimmich) *Carum carvi* | Doldenblütler (Apiaceae)

▶ Beschreibung

Der pflegeleichte Kümmel mit doppelt bis dreifach gefiederten Blättern gehört zu den ältesten Gewürzen. Die ältesten bei Ausgrabungen von Pfahlbauten gefundenen Samen sind 5 000 Jahre alt. Kümmel ist zweijährig und wird bis 60 cm hoch; im ersten Jahr erscheinen die Blattrosetten, im zweiten Jahr die weißen Blüten.

Kümmel hat einen hohen Gehalt an ätherischen Ölen. Die verdauungsfördernde Wirkung wurde schon von Dioskurides entdeckt, der Kümmel zu schwer verdaulichen Speisen empfahl. Die Samen werden zum Würzen von Fleisch, Soßen, Suppen, Gemüse, Käse, Salat, Brot und Gebäck verwendet.

Früher stellte man unruhigen Kindern einen Topf gekochter Kümmelsamen unters Bett. Besonders heilkräftig soll der am Johannistag gesammelte Kümmel sein.

Im März oder im August wird Kümmel ausgesät. Als Dunkelkeimer muss er mit etwas Erde bedeckt werden.

▶ Ernte

Die Samen werden bei Vollreife geerntet. Zum Nachreifen und Trocknen kommen sie in einen dunklen, luftigen Raum. Auch junge Blätter können geerntet werden.

▶ Wirkung

Krampflösend, blähungswidrig, antibakteriell, magenstärkend, durchblutungsfördernd, regt den Milchfluss an, harntreibend; als Tee entblähend, beseitigt Völlegefühl und nervöse Magenstörungen.

▶ Standort Kräuterspirale

In der unteren, aber auch mittleren Zone, an einem sonnigen bis halbschattigen Platz fühlt sich Kümmel wohl. Der Boden sollte feucht, humos und nährstoffhaltig sein.

▶ Verwandte Arten und Sorten

Kreuzkümmel *(Cuminum cyminum)* wird auch als Mutterkümmel, weißer Kümmel, römischer Kümmel, welscher Kümmel, Kumin oder Cumin bezeichnet. Das Gewürz Kreuzkümmel besteht aus getrockneten Früchten des asiatischen Doldenblütengewächses. Die Bezeichnung leitet sich aus dem kreuzförmigen Blattstand der Pflanze ab. Der Geschmack von Kümmel und Kreuzkümmel ist jedoch völlig unterschiedlich, obwohl beide zur Familie der Doldenblütler gehören. Die Wirkung ist aber sehr ähnlich. Im alten Ägypten und im Römischen Reich war Kreuzkümmel als Gewürz- und Heilpflanze beliebt.

Rauke

(Rucola, Rukola, Senfrauke)
Eruca sativa | Kreuzblütler (Brassicaceae)

▶ Beschreibung

Rauke wird im Mittelmeerraum seit der Antike als Blattsalat, Gewürz- und Heilpflanze angebaut. Sie kann ganzjährig gesät werden, wächst rasch und wird bis zu 50 cm hoch. Sie ist mehrjährig und winterhart. Ihr Geschmack ist scharf bis bitter und sehr aromatisch. Rauke ist reich an Vitamin C und A sowie Senfölglykosiden. Sie bereichert Salate, Nudel- und Reisgerichte.

▶ Ernte
Junge frische Blätter kann man das ganze Jahr über ernten. Sie werden nicht ganz unten abgeschnitten, damit sie wieder rasch nachwachsen können.

▶ Wirkung
Durchblutungs- und verdauungsfördernd, stoffwechselanregend, antibakteriell.

▶ Standort Kräuterspirale
Rauke keimt auf feuchten, nährstoffreichen Lehmböden sehr leicht. Sie braucht einen sonnigen (bis halbschattigen) Platz und wird am besten in der mittleren Zone platziert.

▶ Verwandte Arten
· Wilde Rauke *(Eruca vesicaria)*: stammt aus Italien; ein- oder zweijährig, Blätter breiter, milder im Geschmack.
· Knoblauchsrauke *(Alliaria petiolata)*: wild (in feuchteren Wäldern) vorkommend; ähnlich in der Verwendung, schmeckt nach Knoblauch, Wurzeln können als Ersatz für Kren/Meerrettich verwendet werden.
· Wegrauke *(Sisymbrium officinale)*: heimische Art, kann mit ihrem kresseähnlichen Geschmack als Brotbelag verwendet werden.

Weinraute
(Augenraute, Augenwurz, Edelraute, Duftraute, Gnadenkraut, Weinkraut) *Ruta graveolens* | Rautengewächse (Rutaceae)

▶ Beschreibung
Die Weinraute wurde von Mönchen vom Mittelmeerraum in den Norden Europas zur Behand-

Weinraute soll in früheren Zeiten Mönche vor „unkeuschen Begierden" bewahrt haben.

lung von Augenkrankheiten gebracht. Sie wurde auch erfolgreich gegen die Pest eingesetzt, da ihr Geruch die Ratten vertrieb.

Im Mittelalter wurde die geweihte Weinraute zur Vertreibung aller negativen Kräfte eingesetzt. Räucherungen sollten das Haus, Vieh und Menschen schützen.

Empfindliche Menschen reagieren schon beim Pflücken mit Hautausschlägen, auch kann ein Tee von Weinrauteblättern die Haut bei Sonneneinstrahlung lichtempfindlicher machen. Vorsicht: Nicht in der Schwangerschaft anwenden und nicht über längere Zeit trinken!

Als Würze verwendet man Weinraute zu Fisch, fetten (Lamm-)Fleisch- und Käsespeisen, Salaten, Spinat und Pilzen.

Die Weinraute ist mehrjährig und braucht in rauen Lagen Winterschutz. Die blau-grünen, gefiederten Blätter duften nach Wein, die Trugdolden duften ebenfalls und leuchten attraktiv gelb. Der Geruch vertreibt Hunde, Katzen und, in Duftkissen im Kleiderschrank, auch Motten.

Ein Rückschnitt im Herbst ist empfehlenswert.

▶ Ernte
Von Mai bis August vor und während der Blütezeit werden Blätter der Weinraute geerntet.

▶ Wirkung

Harntreibend, blutdrucksenkend; reinigt Leber, Niere und Blase; augenstärkend; bei nervösen Störungen beruhigt ein Tee; gefäßerweiternd, daher auch gegen Kopfschmerzen vor allem im Augenbereich.

▶ Standort Kräuterspirale

Ein sonniger Platz und sandiger Kalkboden sagt der Weinraute zu. Sie sollte in der mittleren bis oberen Zone stehen.

Ysop

(Ipsenkraut, Josefskraut, Bienenkraut, Weinespenkraut)
Hyssopus officinalis | Lippenblütler (Lamiaceae)

▶ Beschreibung

Der mehrjährige, winterharte Ysop stammt aus dem Mittelmeerraum, blüht blauviolett, duftet aromatisch und lockt zahlreiche Bienen und Hummeln an. Die Blätter schmecken minzeartig, etwas herb, die Blüten duften nach Weihrauch. Dieser Duft steigert die Aufmerksamkeit, kräftigt die Nerven und vertreibt Stimmungstiefs.

Ysop enthält ätherische Öle, Gerb- und Bitterstoffe. Als Gewürz kann er Suppen, Fleischgerichten und Bohnengerichten zugefügt werden, man muss aber sparsam dosieren.

In der Bibel wird Ysop mehrmals erwähnt, so steckte der Schwamm, der Christus nach der Kreuzigung gereicht wurde, auf einem Ysopstab. Ysop zählt zu den Marienpflanzen und ist ein Sinnbild für Demut.

▶ Ernte

Junge Triebe, Blätter sowie das blühende Kraut können von Juni bis September geerntet werden.

Ysop entwickelt blaue Blüten, die es im Pflanzenreich nicht allzu häufig gibt.

▶ Wirkung

Schleimlösend, blutdrucksteigernd, schweißhemmend, nervenstärkend, antibiotisch, appetitanregend; Tee stärkt Nerven, lindert Asthma und Atemwegserkrankungen, Menstruationsschmerzen, Rheuma, Gallen- und Nierenleiden, Stimmungstiefs.

▶ Standort Kräuterspirale

Ysop platziert man in der mittleren bis oberen Zone. Er liebt es sonnig, trocken, humos und bevorzugt einen lockeren Kalkboden.

▶ Verwandte Arten und Sorten

· Anis-Ysop *(Agastache foeniculum)*: stammt aus Amerika; ein- oder mehrjährig, nach Anis duftend, hoher Zierwert, wird aber gern von Schnecken gefressen; braucht einen sonnigen Platz; ein Tee aus den Blättern wirkt appetitanregend und gemütsaufhellend.

· Limonen-Ysop *(Agastache mexicana)*: stammt aus Amerika; ein- oder mehrjährig; nach Zitrone duftend; hoher Zierwert, wird gern von Schnecken gefressen; braucht Sonne; Tee ist appetitanregend und gemütsaufhellend.

Für Kinder

– schmecken, riechen, fühlen

Kinder

O
- **1** Thymian
- **2** Ziest
- **3** Salbei
- **4** Süßkraut
- **5** Colastrauch
- **6** Erdbeeren

M
- **7** Schnittlauch
- **8** Kresse

U
- **9** Pfefferminze
- **10** Melisse

O = Oben
M = Mitte
U = Unten

Eine kleinere Kräuterspirale kann sogar von Kindern gebaut und vor allem bepflanzt werden! Spielerische und genussreiche Erfahrung sind bei kleinen Entdeckern sehr gefragt und haben einen lang anhaltenden Lerneffekt.

Wenn der Platz ausgesucht wird, dürfen die Kinder schon mitentscheiden (Sonne vorausgesetzt); sie können beim Markieren der Größe helfen und Steine schleppen – natürlich nur unter Aufsicht und wenn die Steine nicht zu groß und schwer sind. Das Ausprobieren, welche Steine wo platziert werden können, sodass nichts wackelt, ist auch eine Kunst. Beim Pflanzen helfen Kinder besonders gern, und später werden sie die „eigenen" Pflanzen sogar kosten.

Die Pflege ist nicht arbeitsaufwendig, sodass die Kinder dafür Verantwortung übernehmen können. Beim Ernten helfen sie sicher gern – duftende Kräutersträuße zu binden ist eine schöne Beschäftigung.

Die hier gezeigte Pflanzauswahl nimmt auf den Geschmack und die Vorlieben der Kinder Rücksicht: Erdbeeren, Schokolademinze, Zitronenmelisse, Colastrauch und „Streichelpflanzen", z. B. Wollziest, gedeihen gut auf Kräuterspiralen.

Erdbeeren sind sowieso das Lieblingsnaschobst der meisten Kinder, die Schoko-Minze kann frisch verkostet, zu Schokosoßen oder als erfrischendes Gewürz, z. B. zu Palatschinken/Pfannkuchen, gegeben werden. Blätter des Colastrauchs geben dem gesunden Getränk Wasser einen guten Geschmack, und schon ein einziges Blättchen vom Süßkraut reicht, um Zuckergeschmack ohne Kariesgefahr zu garantieren.

Die Zitronenmelisse duftet nicht nur gut, ihre Blüten locken Hummeln, Bienen und Schmetterlinge an. Tee oder Sirup aus Melissenblättern ist köstlich. Schnittlauch und Kresse schmecken herrlich auf dem Butterbrot!

Für Kinder – schmecken, riechen, fühlen

45

Porträts –
Kräuter für Kinder

Kresse, Garten-Kresse

Lepidium sativum | Kreuzblütler (Brassicaceae)

▶ Beschreibung

Die Kresse stammt vermutlich aus dem vorderen Orient, ihre Samen wurden schon in alten Pharaonengräbern gefunden. Auch Griechen und Römer schätzten sie, Karl der Große verordnete ihren Anbau.

Der hohe Vitamin-C-Gehalt macht Kresse besonders wertvoll. Sie enthält außerdem auch Senfölglykoside. Ihre Inhaltsstoffe wirken sich günstig auf Blutdruck und Cholesterinspiegel aus.

Frisch geschnitten schmeckt Kresse zu Eierspeisen, Salaten, in Kräuterbutter, Topfen/Quark, Ofenkartoffeln und einfach aufs Butterbrot gestreut.

Da die Samen der Kresse sehr rasch und einfach keimen, ist es für Kinder besonders faszinierend, diesem Kraut beim Wachsen zuzusehen.

▶ Ernte

Während des ganzen Jahres können die frisch gekeimten Blättchen, sobald sie etwa 10 cm hoch geworden sind, abgeschnitten werden.

▶ Wirkung

Blutreinigend, stoffwechselanregend; antibiotisch, harntreibend

▶ Standort Kräuterspirale

Kresse sollte einen halbschattigen, feuchten, aber nicht staunassen Platz auf der Kräuterspirale bekommen. Am besten eignet sich die mittlere Zone. Sie ist gut als „Lückenfüller" einsetzbar.

▶ Verwandte Arten

Die Wurzeln der Brunnenkresse (*Nasturtium officinale*) müssen ständig im Wasser stehen; gedüngt werden darf die Art nicht. Im kleinen Teich am Fuß der Kräuterspirale ist ein idealer Standort. Geerntet werden die jungen frischen Triebe vor der Blüte; sie können zu Salaten, Fisch und aufs Butterbrot gegeben werden.

Melisse, Zitronenmelisse

Melissa officinalis (var. citrata) |
Lippenblütler (Lamiaceae)

▶ Beschreibung

Die Heimat der mehrjährigen, anspruchslosen Zitronenmelisse ist der Mittelmeerraum, aber schon lange wird sie in unseren Gärten kultiviert. Paracelsus nannte das Kraut ein Lebenselixier, man schrieb ihr ungeheure Kräfte zu. In Griechenland wurde sie als Blume der Göttin Diana verehrt. Bei uns hat sich lange der Bienenzauber erhalten: Bienenhäuser wurden mit Zitronenmelisse eingerieben, um die Bienen im Stock zu halten. Bei Räucherungen bat man

Jederzeit – kinderleicht:
frische Kresse

Kresse kann auch in Schalen und Blumentöpfen, auf Tellern mit Küchenpapier ganzjährig ausgesät und ständig geerntet werden. Wichtig ist, dass die Samen bei der Keimung nicht austrocknen.

mit getrockneter Melisse um Schutz für Haus und Hof und um Liebe und Heilung.

Zitronenmelisse enthält Gerb- und Bitterstoffe, Vitamine, Harz, Mineralstoffe und Kalium, außerdem das ätherische Öl Citral.

Zitronenmelisse wird 30–90 cm hoch und bildet unterirdische Ausläufer. Ihre Blätter duften nach Zitrone. Die Stängel stehen aufrecht, sind verzweigt; die Blätter haben kurze Blattstiele und sind 2–6 cm lang. Die Blattform ist breit eiförmig bis länglich, am Ende kurz zugespitzt, der Blattrand ist kerbig gesägt. Die Blüten stehen in Halbquirlen in den Achseln der oberen Laubblätter. Sie sind zu Beginn der Blüte blassgelb, später weiß bis rötlich und führen Nektar für Hummeln und Bienen.

Im Frühjahr sät man Zitronenmelisse an Ort und Stelle. Sie keimt schnell und zuverlässig. Alle zwei bis drei Jahre sollte der Wurzelstock einer Pflanze geteilt werden; das trägt zur Verjüngung bei. Auf diese Weise kann die Zitronenmelisse auch vermehrt werden. Regelmäßig gießen ist ganz wichtig.

▶ Ernte
Die Blätter werden vor der Blüte abgeschnitten oder abgezupft und frisch oder getrocknet zur Herstellung von Tees verwendet. Regelmäßiges Schneiden fördert den Neuaustrieb.

▶ Wirkung
Krampflösend, beruhigend, nervenstärkend, schlaffördernd, schweißtreibend, magenstärkend, kräftigend; hilft bei Blutreinigung und reguliert den Blutdruck; bei allen Frauenleiden einsetzbar; antimikrobiell, antiviral; Melissensalbe hilft gut gegen Fieberblasen, Melissenöl vertreibt Kopfschmerzen.

▶ Standort Kräuterspirale
Zitronenmelisse benötigt einen lehmigen bis sandigen Boden, der nährstoffreich und feucht sein sollte. Sie verträgt Halbschatten bis Sonne. Die untere Zone ist gut für das Kraut geeignet.

▶ Verwandte Arten
· Kreta-Melisse *(Melissa officinalis* subsp. *altissima)*: wird bis 90 cm hoch, starker Duft, sehr gute Teepflanze, braucht viel Sonne.
· Goldene Melisse *(Melissa officinalis 'Aurea')*: wird bis 30 cm hoch, ist gut für schattige Plätze geeignet.

Minze, Pfefferminze
Mentha piperita | Lippenblütler (Lamiaceae)

▶ Beschreibung
In der Mythologie entstand die Minze aus dem Körper der schönen Minthe, der Tochter eines Flussgottes. Hades, der Gott der Unterwelt, hatte sich in sie verliebt, doch der Groll seiner Gattin Persephone zerriss Minthe in Stücke, aus denen ein Wildkraut wuchs. Hades hauchte diesem Gewächs Wohlgeruch ein, der an die kühlen Fluten erinnerte, aus denen die Nymphe stammte. Die Römer betrachteten die Minze als Tonikum für den Geist. Griechen und Römer parfümierten sich mit Minze und verwendeten sie als Stärkungsmittel und Badezusatz.

Minzen wurden und werden noch immer von allen Kulturen verwendet, sie gelten als Botschafter der Freundschaft und Liebe und vertreiben angeblich negative Energien.

Das beliebte Tee- und Würzkraut ist winterhart und mehrjährig. Minzen bilden meist unterirdische Ausläufer und haben einen aufrechten bis kriechenden, verzweigten Stängel. Die gegenständigen Laubblätter sind einfach und haben meistens einen gezähnten oder gesägten Rand. Die lila Blüten sind in überwiegend vielblütigen Scheinquirlen angeordnet.

Minzen sind wegen ihres hohen Gehalts an ätherischen Ölen beliebt. Sie wirken erfrischend, krampflösend und schleimlösend. Als Heilpflanze in der Medizin wird ausschließlich die Pfefferminze genutzt, die bis zu 50 Prozent Menthol enthält. Pfefferminzöl wird als antiseptisches Schmerzmittel beispielsweise bei Zahnschmerzen eingesetzt.

Frisch geschnitten schmecken Minzeblättchen zu Eierspeisen, Suppen, Rahmsoßen, Kartoffeln, Kräuterbutter, Topfen/Quark, frischen Gemüsesalaten und Butterbrot. Sie aromatisieren außerdem Liköre und Schnäpse, Konfekt und Zahnpasta.

Minzearten und -sorten können im Frühjahr ausgesät werden, genauso gut kann man sich aber auch Pflanzen der verschiedenen Duftrichtungen beim Gärtner kaufen und auf der Kräuterspirale platzieren. Alle zwei bis drei Jahre sollte der Wurzelballen geteilt werden, um die Pflanze zu verjüngen. Auf diese Weise erhält man außerdem Wurzelstecklinge, die zur Vermehrung dienen. Minzen brauchen einen ausreichend feuchten Boden und müssen rege 0,27lmäßig gegossen werden.

▶ Ernte

Die Blätter können vor der Blüte regelmäßig abgezupft werden. Wird nach der Blüte zurückgeschnitten, kann im Herbst eine zweite Ernte erfolgen. Das Kraut kann man frisch oder getrocknet zur Zubereitung von Tees verwenden.

▶ Wirkung

Erfrischend, appetit- und verdauungsanregend; antibiotisch; regt Gallenflüssigkeit an; wirkt auf der Haut: desinfizierend und schmerzlindernd; als Tee: gegen Schlaflosigkeit, bei Husten, Heiserkeit, Blähungen und Übelkeit; wirkt bei Brechdurchfällen krampflösend und antiseptisch; bei Kopfschmerzen und krampfhaften Bauchschmerzen hilft ein Umschlag beziehungsweise eine Minzenkompresse.

▶ Standort Kräuterspirale

Minzen bevorzugen einen lehmigen bis sandigen Boden und gedeihen im Halbschatten ebenso wie in der Sonne. Das Substrat sollte nährstoffreich und immer leicht feucht sein. Am besten eignet sich die untere Zone.

Minzen neigen durch ihre Ausläuferbildung stark zum Wuchern; das muss bei der Platzwahl bedacht werden.

▶ Verwandte Arten und Sorten

Es gibt sehr viele Minzearten und -sorten und unzählige Kreuzungen. Als Gewürz- und Tee-

Tigerbalm

Das echte China-Öl wird aus der Japanischen Ackerminze hergestellt, und auch im Tigerbalm aus China, der mit Mandelöl und Bienenwachs angereichert ist, ist Minze zu finden.

Minzen können von der Terrasse aus gleich in der Küche verwendet werden.

Vorsicht: reizend!

Echte Pfefferminze darf nicht über große Zeiträume hinweg und nicht bei Übersäuerung des Magens oder bei Gallenblasenentzündungen eingenommen werden, auch nicht während der Stillzeit. Für Säuglinge und Kleinkinder unter drei Jahren ist das Kraut ebenfalls nicht geeignet, da Menthol zu Erstickungsanfällen führen kann! Für alle anderen Minzearten gilt das nicht, da sie wesentlich weniger Menthol enthalten.

kraut relevante Minzesorten tragen oft Namen, die auf die Geschmacksähnlichkeit mit anderen Pflanzen hinweisen:

- Wild wachsende Arten: Die Ross-Minze *(Mentha longifolia)* wächst entlang von Bächen; Wasserminze *(Mentha aquatica)* und Ackerminze *(Mentha arvensis)* wachsen auf feuchten Wiesen.
- Echte Pfefferminze *(Mentha × piperita)*: vor etwa 300 Jahren erstmals in England aufgetaucht, wahrscheinlich aus einer Kreuzung von Wasserminze mit Krauser Minze *(M. aquatica × M. spicata)* entstanden. Pfefferminze ist die mentholhaltigste Art.
- Apfel-Minze *(Mentha suaveolens)*: Der Geschmack dieser Minze erinnert ein wenig an Apfelkuchen. Die Blätter können beispielsweise als Apfelkuchengewürz anstelle von Zimt verwendet werden. Die Art hat rundliche, behaarte Blätter.
- Schokoladenminze *(Mentha × piperita* 'After Eight')*: Der Duft nach Schokolade

ist herrlich. Sie eignet sich gut für Süßspeisen.

- Orangenminze *(Mentha × piperita var. citrata)*: Das fruchtige Aroma überwiegt, es ist kein Mentholgeschmack vorhanden.
- Edel-Minze, Braune Minze, Nudel-Minze oder Birkenblättrige Ingwer-Minze *(Mentha × gracilis* aus *M. arvensis × M. spicata)*
- Kärntner Minze *(Mentha × carinthiaca* aus *M. arvensis × M. suaveolens)*: eignet sich für Kärntner Kasnudeln, enthält wenig Menthol.
- Apfel- und Ananasminze *(Mentha × gracilis* 'Green Smith', *M. suaveolens)*: Beide Minzen riechen fruchtig nach frischen Äpfeln beziehungsweise Ananas und passen zu Desserts oder können zu Tee verarbeitet werden.
- Krause/Grüne Minze *(Mentha spicata)*: Diese bekannteste Minzenart wird zur Herstellung von Zahnpasta, Kaugummi, Süßigkeiten genommen. Sie hat einen ährenartigen Blütenstand. Eine Unterart ist die Marokkanische Minze.

Schnittlauch

(Röhrlauch, Graslauch, Schnittzwiebel, Binsenlauch)
Allium schoenoprasum | Lauchgewächs (Alliaceae)

▶ Beschreibung

Der klassische Vitamin- und Mineralstoffspender ist ein mehrjähriges, hübsch blühendes Kraut, das seit dem Altertum auf feuchten Böden wächst. Von Marco Polo wurde der Schnittlauch aus China mitgebracht, wird aber erst seit dem Mittelalter in Mitteleuropa gezielt angebaut.

Frisch geschnitten schmeckt Schnittlauch zu Eierspeisen, Suppen, Rahmsoßen, Kartoffeln, Kräuterbutter, Topfen/Quark, frischen Gemüsesalaten und Butterbrot.

Schnittlauch wird am besten im Frühjahr ausgesät oder ausgepflanzt. Alle zwei bis drei Jahre sollte der Wurzelballen geteilt werden. Ausreichende Feuchtigkeit ist ebenso wichtig bei der Pflege wie regelmäßige Kompostgaben.

▶ Ernte

Während des ganzen Jahres, am besten vor der Blüte, können die röhrenartigen Blätter geerntet werden. Dabei dürfen nie alle Blätter gleichzeitig abgeschnitten werden, damit sich die Pflanze schnell wieder regenerieren kann. Man verwendet sie frisch oder tiefgefroren.

▶ Wirkung

Appetit- und verdauungsanregend; antibiotisch, harntreibend; hoher Vitamin-C-Gehalt; Inhaltsstoffe wirken günstig auf Blutdruck und Cholesterinspiegel.

▶ Standort Kräuterspirale

Schnittlauch benötigt einen kalkhaltigen Platz in Halbschatten oder Sonne und einen nährstoffreichen, feuchten, aber nicht staunassen Boden. Die mittlere Zone ist der beste Standort. Schnittlauch liebt Kompost und Kaffeesatz.

▶ Verwandte Arten

· Schnittlauchknoblauch/Chinesischer Lauch *(A. tuberosum)*: Die Art ist mehrjährig, winterhart und entwickelt flache Halme. Geerntet wird ab Mai. Der Geschmack ist sehr mild und erinnert an Knoblauch.

· Knoblauch *(A. sativum)*: Ursprünglich stammt die Art aus Asien. Knoblauch ist mehrjährig und winterhart. Sobald die Blätter gelb werden, kann man die Knollen aus dem Boden nehmen. Ähnlich ist auch der Indianer-Knoblauch *(Allium canadense)*, bei dem sich Zwiebeln am Blütenstiel und unter der Erde bilden.

· Lauch-Zwiebel *(Allium fistulosum)*: Die mehrjährige Art ist winterhart. Ernte und Verwendung ist mit Schnittlauch vergleichbar.

· Bärlauch *(Allium ursinum)*: Das Wildkraut, das in feuchten Laubwäldern und an Bachufern wächst, ist überaus beliebt und vielseitig verwendbar. Die Blätter werden vor der Knospenbildung von April bis Juni geerntet.

Süßkraut

(Stevia, Süßblatt, Honigkraut)
Stevia rebaudiana | Korbblütler (Compositae)

▶ Beschreibung

In ihrem Herkunftsland Paraguay und Brasilien wird diese Pflanze seit Jahrhunderten konsu-

Die Süßkraft von Stevia ist sehr hoch.

miert, die Indianer süßen den Matetee damit. Ihre Blätter haben einen extrem süßen, lakritzeartigen Geschmack. Stevia ist in Japan als Süßstoff beliebter als künstliche Süßstoffe. Die Blätter sind 300-mal süßer als Fabrikzucker, haben fast keine Kalorien und verursachen keine Karies!

Die Zulassung als Lebensmittel in der EU ist nur unter bestimmten Bedingungen erfolgt. Im eigenen Garten gezogen, ist der Anbau für den Eigengebrauch legal. Als Gewürz- und Heilkraut ist Stevia in Gärtnereien erhältlich.

Die Pflanze ist mehrjährig, aber nicht winterhart und muss (ähnlich wie die Zitronenverbene) im Haus (kühl, kann auch dunkel sein) überwintert werden. Sie wird 50–80 cm hoch. Eine Aussaat der Körner ist zwar möglich, allerdings liegt die Keimrate nur bei etwa 15 Prozent. Eine Vermehrung durch Stecklinge ist möglich.

▶ Ernte

Die Blätter können von August bis September frisch oder getrocknet verwendet werden. Man bewahrt die geernteten Pflanzenteile am besten in luftdichten Gefäßen auf.

▶ Wirkung

Verdauungsfördernd, pilzhemmend, wundheilend; als Süßstoff hohe Hitzebeständigkeit; ein Blättchen reicht zum Süßen von Kräutertee.

▶ Standort Kräuterspirale

Stevia wird ähnlich wie Basilikum platziert. Das süße Kraut braucht sandigen Boden und gleichzeitig genügend Feuchtigkeit; dabei soll es nicht staunass sein. Volle Sonne wird gut vertragen. In der oberen bis mittleren Zone ist der richtige Standort für Stevia.

Besondere

Heilkräuter

Für Kräuterkundige und Menschen, die gern Kräuter zur Unterstützung des Immunsystems und der Heilungsprozesse verwenden, finden spezielle Heilkräuter auf einer größeren Kräuterspirale Platz. Im Folgenden werden einige Pflanzen vorgestellt, die sich gut auf einer Kräuterspirale integrieren lassen. Es wird zwar nach den vornehmlichen Einsatzgebieten der Pflanzen unterschieden, häufig haben die Kräuter aber auch verschiedene Wirkmechanismen und sind bei unterschiedlichen Problemen einsetzbar.

(Fast) jeder Mensch hat gewisse Anfälligkeiten für immer wiederkehrende Beschwerden. Der eine hat öfter Kopfschmerzen, den anderen drückt schnell mal etwas im Bauch oder er hat eine problematische Verdauung, der Dritte neigt bei kühlerem Wetter sofort zu Halsschmerzen oder Husten beziehungsweise Schleimbildung.

Die Haut als unser äußerstes Organ kann innere Schwachstellen anzeigen und bedarf einiger Aufmerksamkeit.

Wichtige phytotherapeutische Wirkstoffe:
· Bitterstoffe
· Gerbstoffe
· Schleimstoffe
· Ätherische Öle
· Flavonoide

▶ Bitterstoffe
Als Bitterstoffe werden alle chemischen Verbindungen bezeichnet, die einen bitteren Geschmack aufweisen. Bitterstoffe sind keine chemisch einheitliche Gruppe, sondern zeichnen sich nur dadurch aus, dass sie bitter schmecken. Sie steigern die Magen- und Gal-

Pflanzen mit hohem Gerbstoffanteil

Blutwurzwurzel (aus *Potentilla erecta*), Heidelbeeren, Brombeerblätter, Gänsefingerkraut (*Po-tentilla anserina*), Erdbeerblätter, Odermennigkraut, Frauenmantelkraut; Breit- und Spitzwegerichblätter, Rosenblüten (von *Rosa gallica*), Wiesenknopfblätter (*Sanguisorba officinalis*), Walnussblätter, Eichenrinde.

lensaftsekretion und wirken damit appetitanregend und verdauungsfördernd. Das Ergebnis ist eine schnellere und bessere Verdauung, da der bittere Geschmack die Produktion des Magensafts anregt.

Außerdem können Bitterstoffe pathologische Keime bekämpfen; manche wirken auch fiebersenkend. Das Abwehrsystem des Körpers wird gestärkt.

▶ Gerbstoffe
Die Gruppe der Gerbstoffe nimmt einen wichtigen Platz unter den therapeutisch wirksamen Bestandteilen von Heilpflanzen ein. Sie wirken adstringierend, entzündungshemmend, antibakteriell, antiviral und neutralisieren Gifte. In höherer Dosierung wirken sie jedoch oft selbst schädlich.

Gerbstoffe haben antimikrobielle Eigenschaften und werden eingesetzt bei Magen- und Darmentzündungen, leichten Durchfällen, Entzündungen im Mund- und Rachenraum, als blutstillendes Mittel, zur schnellen Wundheilung und bei leichten Verbrennungen und Frostschäden.

▶ Schleimstoffe
Wasserlösliche Schleimstoffe, wie sie z. B. in Malven vorkommen, haben lokal erweichende, reizmildernde und einhüllende Wirkung auf die Schleimhäute. Wasserunlösliche Schleimstoffe wirken vor allem im Magen-Darm-Trakt, indem sie das Darmvolumen steigern und damit den Stuhlgang regulieren. Schleimstoffe werden auch eingesetzt, um Giftstoffe aufzusaugen, Entzündungen zu hemmen, den Blutzucker zu senken und in Einzelfällen auch das Immunsystem zu stärken.

▶ Ätherische Öle
enthalten sekundäre Pflanzeninhaltsstoffe, die der Pflanze dazu dienen können, Insekten zur Bestäubung anzulocken, Schädlinge fernzuhalten und sich gegen Krankheiten zu schützen, die beispielsweise durch Bakterien oder Pilze hervorgerufen werden. Ätherische Öle werden in Öldrüsen gebildet und im Pflanzengewebe gespeichert. Sie befinden sich in Blüten, Blättern, Samen, Fruchtschalen, Wurzeln, Harzen, Rinden oder im Holz.

Bei der Gewinnung von ätherischen Ölen wird Wasserdampfdestillation angewandt. Die Ausbeute in Bezug auf das Ausgangsmaterial liegt in der Regel im ein- bis zweistelligen Promillebereich.

▶ Flavonoide
sind eine Gruppe von sekundären Pflanzenstoffen, zu denen ein Großteil der Blütenfarbstoffe gehört, die einerseits zur Anlockung von Bestäubern, andererseits auch als Schutz gegen UV-Strahlung und kurzwelliges Licht dienen. Weiterhin haben sie antivirale, antimikrobielle und antioxidative Wirkung. Flavone und Flavonole wirken antiallergisch und antiphlogistisch.

Magenkräuter und verdauungsregulierende Heilkräuter

Da Bitterstoffe die Magen- und Gallensaftsekretion steigern, wirken sie verdauungsfördernd und werden daher vor allem bei Magen-Darm-Beschwerden angewandt.

Bitterstoffe sind vor allem in folgenden Pflanzen enthalten:
- Andorn, Engelwurz, Löwenzahn, Enzian, Gänseblümchen, Hopfen, Schafgarbe, Tausendgüldenkraut, Wermut
- Es gibt aber auch noch andere Inhaltsstoffe, wie die Gerbstoffe, die ebenfalls gut für den Verdauungtrakt sind. Klassische Magenkräuter, wie der Fenchel, sollten auf der Kräuterspirale nicht fehlen.

Junger Fenchel hat einen milden Geschmack.

Fenchel

Foeniculum vulgare | Doldenblütler (Apiaceae)

▶ Beschreibung

Fenchel ist das Magenmittel schlechthin. Er beruhigt den Magen, hilft bei Verdauungsstörungen aller Art wie Blähungen, Sodbrennen und Völlegefühl – und das schnell. Das liegt am hohen Anetholgehalt, der krampflösend auf den gereizten Magen-Darm-Trakt wirkt. Fenchel wird Stillenden genauso empfohlen wie Säuglingen, weil er milchbildend und gleichzeitig gegen Blähungen sowie krampflösend wirkt.

Außerdem kommt er bei Halsschmerzen, Keuchhusten, Heiserkeit und Bronchitis zum Einsatz.

Fenchel ist vielseitig verwendbar. Aus dem Samen wird Tee zubereitet, die Knollen von Knollenfenchel *(Foeniculum vulgare* var. *azonicum)* können als Salat oder Gemüse verarbeitet werden. Die Blätter des Gewürzfenchels *(foniculum vulgare* var. *dulce)* sind eine schmackhafte Gewürzzugabe, z. B. in Kräuterbutter.

▶ Ernte

Fenchelkraut wird im Sommer, Samen und Knolle im Herbst geerntet.

▶ Wirkung

Krampflösend, beruhigend, verdauungsfördernd, appetitanregend.

▶ Standort Kräuterspirale

Aufgrund seiner Ansprüche passt Fenchel gut in die mittlere Zone.

Tausendgüldenkraut

Centaurium erythraea | Enziangewächs (Gentianaceae)

▶ Beschreibung

Das zweijährige Kraut wird 10–40 cm hoch. Tausendgüldenkraut enthält Bitterstoffe und wirkt vor allem fiebersenkend. Ein Tee aus dem Kraut hilft bei Sodbrennen, Appetitmangel, Blutarmut, niedrigem Blutdruck, Gallen- und Leberbeschwerden. Vorsicht ist bei Gastritis geboten, da Tausendgüldenkraut magenanregend ist.

▶ Ernte

Stängel und Blüten können von Juni bis August abgezupft und abgeschnitten werden.

▶ Wirkung

Appetitanregend, fiebersenkend, verdauungsfördernd, reinigend, entzündungshemmend, magenanregend.

▶ Standort Kräuterspirale

Tausendgüldenkraut bevorzugt kalkreichen, feuchten Boden und Halbschatten und sollte in die untere Zone kommen.

Kräuter gegen Halsschmerzen und Husten

Allgemein gilt, dass die meisten Kräuter, die Gerb-, Bitter- und wasserlösliche Schleimstoffe enthalten, auf alle angegriffenen Schleimhäute wohltuend und beruhigend wirken.

Einige der empfohlenen Kräuter werden sehr hoch. Das sollte bei der Bepflanzung der Kräuterspirale nicht außer Acht gelassen werden.

Husten

O
┌ **1** Thymian
│ **2** Heilziest
│ **3** Malve
│ **4** Königskerze
└ **5** Eibisch

M
┌ **6** Majoran
│ **7** Dost
└ **8** Lungenkraut

U – **9** Stockrose

O = Oben
M = Mitte
U = Unten

Alant

Inula helenium | Korbblütler (Asteraceae)

▶ Beschreibung

Diese im Frühsommer gelb blühende Son-
nenpflanze aus der Familie der Korbblütler
wird sehr hoch (bis 200 cm) und braucht viel
Platz. Alant enthält zahlreiche ätherische Öle
und viel Inulin und ist vielseitig einsetzbar.
Er kann sowohl gegen Hauterkrankungen
(Pulver aus getrockneter Wurzel) sowie bei
Verdauungsproblemen verwendet werden.
Alant enthält unter anderem ätherisches Öl
(Helenin), den entzündungshemmenden
Stoff Alantolacton sowie Bitterstoffe, die
schleim- und krampflösend wirken. Die
Pflanze wird daher gern als Tee bei Husten,
aber auch bei Magen-Darm-Beschwerden
eingesetzt.

▶ Ernte

Blätter werden im Frühsommer und Blüten im
Sommer geerntet. Die Wurzeln kann man vom
Frühling bis in den Herbst entnehmen.

▶ Wirkung

Verdauungs- und auswurffördernd, schleimlösend, antiseptisch, harntreibend.

▶ Standort Kräuterspirale

Alant liebt einen nährstoffreichen, eher feuchten Boden und bevorzugt sonnige Plätze. Er
fühlt sich in der unteren Zone der Kräuterspirale wohl.

Heilziest

Stachys officinalis (syn. Betonica officinalis) |
Lippenblütler (Lamiaceae)

▶ Beschreibung

Heilziest ist mehrjährig und winterhart und
kommt in heimischen lichten Wäldern und auf
Wiesen vor.

Die heilkräftige Pflanze wirkt durch ihre
Gerb- und Bitterstoffe und wird als Tee aus
dem ganzen Kraut gegen Hals- und Mundent-
zündung sowie bei Durchfall und Magen-
Darm-Beschwerden angewendet. In hoher
Dosierung wirkt Heilziest stark abführend.

▶ Ernte

Das blühende Kraut und die Blätter werden
von Juli bis September abgeschnitten.

▶ Wirkung

Durchblutungsfördernd, blutstillend, adstringierend, kräftigend, schleimlösend; lindert Migräne.

▶ Standort Kräuterspirale

Heilziest bevorzugt einen Platz in der oberen
Zone und toleriert Sonne und Halbschatten.

Lungenkraut

Pulmonaria officinalis, P. maculosa |
Raublattgewächse (Boranginaceae)

▶ Beschreibung

Die Blätter des mehrjährigen, bis 20 cm hohen
Lungenkrauts haben meist helle bis weiße Fle-
cken. Im April erscheinen die rotvioletten und
blauen Blüten. Durch die in den gefleckten Blättern enthaltene Kieselsäure und die Schleimstoffe

Besondere Heilkräuter

57

Der Name ist Programm beim Lungenkraut.

wirkt das Lungenkraut lindernd bei Reizhusten und Entzündungen der oberen Luftwege.

▶ Ernte
Blätter und junge Blüten pflückt man im Frühling von März bis Mai.

▶ Wirkung
Schleimlösend, auswurffördernd, zusammenziehend, blutstillend, erweichend, harntreibend, schweißtreibend; kräftigt die Lunge.

Orientierung für Bienen

Der volkstümliche Name „Hänsel und Gretel" kommt von den roten und blauen Blüten, die zugleich erscheinen. Die Farbe dient den Bienen zur Orientierung, denn rote Blüten sind noch nicht bestäubt.

▶ Standort Kräuterspirale
Lungenkraut gedeiht auf halbschattigen, eher feuchten Plätzen und passt in die mittlere bis untere Zone.

Frauenkräuter

Bei körperlichen Beschwerden können spezielle Kräuter Frauen gute Dienste leisten. Allerdings ist besondere Vorsicht bei den „gewöhnlichen" Kräutern geboten, da sie in der Schwangerschaft oder Stillperiode bestimmte Auswirkungen haben können. So sollte Pfefferminztee nicht während der Stillzeit, wohl aber zum Abstillen getrunken werden.

Arnika
bei Hautproblemen

Arnika (Arnica montana) ist eine mehrjährige, unter Naturschutz stehende Heilpflanze, die wild auf Berghängen wächst. Auch auf Schotterstandorten auf der Kräuterspirale in der oberen Zone lässt sie sich gut ziehen, wird 20–60 cm hoch und blüht gelb-orange von Mai bis Juli. Die jungen Blüten werden gesammelt und als Tinktur (gegen Insektenstiche) oder in Öl eingelegt zur Massage und als Öl oder Salbe gegen Schmerzen bei Prellungen und Verstauchungen angewendet. Arnika wirkt entzündungshemmend, kreislaufanregend und blutstillend.

Eisenkraut

(Taubenkraut, Katzenblutkraut, Sagenkraut, Wunschkraut) *Verbena officinalis* | Eisenkrautgewächse (Verbenaceae)

▶ Beschreibung

Das einjährige Echte Eisenkraut ist eine traditionelle Heilpflanze und ein heimischer Vertreter einer tropischen Pflanzenfamilie. Die Stängel sind typisch vierkantig und verzweigt und erreichen eine Höhe bis zu 75 cm. Vom Mai bis zum ersten Frost trägt die Pflanze winzige rote oder hellviolette Blüten in schlanken Ähren. Eisenkraut ist schon bei den keltischen Druiden als Heilpflanze verwendet worden und galt von der Antike bis zum Mittelalter in der Pflanzenheilkunde als Universalheilpflanze. Man sagte ihm nach, verstopfte Leber, Milz, Niere und Uterus zu heilen und bei Asthma, Kopfschmerzen, Trübsichtigkeit, Feigwarzen und vielem mehr zu helfen. Die Hippokratiker empfahlen Eisenkraut gegen Unfruchtbarkeit, und tatsächlich konnte wissenschaftlich nachgewiesen werden, dass das Eisenkraut die Ausschüttung des für den Eisprung erforderlichen Hormons (FSH) zu steigern vermag. Es enthält bitter schmeckende Glykoside, Gerbstoffe und Flavonoide. In der Schwangerschaft sollte Eisenkraut wegen seiner wehenauslösenden Wirkung nicht eingenommen werden.

▶ Ernte

Das ganze Kraut wird von Juni bis August geerntet.

▶ Wirkung

Entzündungshemmend, magen- und nervenstärkend, menstruationsfördernd; regt den

Frauenmantel ist heilkräftig gegen verschiedenste Frauenleiden.

Eisprung an; milchbildend, antibakteriell, antiviral, stoffwechselfördernd.

▶ Standort Kräuterspirale

Eisenkraut liebt volle Sonne und sollte in die obere Zone gesetzt werden.

Frauenmantel

(Allerfrauenheil, Marienmantel, Taubecher) *Alchemilla vulgaris* | Rosengewächs (Rosaceae)

▶ Beschreibung

Frauenmantel ist eine horstbildende, mehrjährige, krautige Pflanze und reich an Gerbstoffen, Bitterstoffen, Phytosterin, Glykosiden, Saponinen und Tanninen.

Traditionell ist der Haupteinsatzbereich des Frauenmantels die Frauenheilkunde. Das liegt wohl unter anderem an seinen Pflanzenhormonen, die dem weiblichen Progesteron ähneln. Dadurch kann Frauenmantel Mangelzustände ausgleichen, die zu prämenstruellen

Störungen und zu Wechseljahrbeschwerden führen. Zudem wirkt der Frauenmantel entkrampfend.

Als Tee getrunken, lindert er nahezu alle Arten von Frauenbeschwerden. Besonders zu empfehlen als geburtsvorbereitender Tee.

▶ **Ernte**
Blätter und blühendes Kraut können von April bis Oktober gepflückt oder abgeschnitten werden.

▶ **Wirkung**
Harntreibend, wundheilend, blutreinigend, stopfend, milchfördernd, menstruationsregelnd; magenstärkend.

▶ **Standort Kräuterspirale**
Am besten passt Frauenmantel in die mittlere bis untere Zone. Er bevorzugt einen sonnigen bis halbschattigen Platz.

Schafgarbe
(Gewöhnliche Schafgarbe, Wiesen-Schafgarbe)
Achillea millefolium | Korbblütler (Asteraceae)

▶ **Beschreibung**
Schafgarbe hat einen festen aufrechten Stängel mit 30–70 cm Höhe und gefiederte Blätter. Die doldenartigen Blütenstände sind weiß bis rosa angehaucht.

Das Kraut kommt auf der ganzen nördlichen Halbkugel bis hoch ins Gebirge vor und wächst auf Weiden, Wiesen, Wegrändern und Böschungen an trockenen, sandigen Stellen. Der Wurzelstock kriecht am Boden entlang, verästelt sich und bildet Ausläufer. Zur Vermehrung

> **Gesunder Brotaufstrich**
>
> Junge Blätter der Schafgarbe passen gut zu Salaten und Topfen-/Quarkaufstrichen.

im Garten gräbt man am besten ein Stück vom Wurzelstock aus.

Die Pflanze hat einen charakteristischen würzigen Geruch und schmeckt bitter. Sie blüht den ganzen Sommer von Juni bis Oktober.

Dem ersten Teil ihres Namens nach wird sie gern von Schafen gefressen. Der zweite Teil: garbe, kommt von garwa = althochdeutsch die Heilende. Die Schafgarbe ist eine vielseitige Heilpflanze, vertreibt Krankheiten und sogar den Teufel und hilft bei Visionen. Sie wurde schon von den Kelten zur Unterstützung von Weissagungen eingesetzt.

▶ **Ernte**
Das ganze blühende Kraut wird am besten im Hochsommer von Juli bis August geerntet. Dann ist der Gehalt an Inhaltsstoffen am höchsten.

▶ **Wirkung**
Zusammenziehend, entzündungshemmend, verdauungsfördernd, harntreibend, menstruationsregulierend.

▶ **Standort Kräuterspirale**
Schafgarbe verträgt viel Trockenheit und ist trittfest. Sie passt daher gut an den Rand der Kräuterspirale, wenn sie sich weiter in die Wiese ausbreiten kann.

Eine Kräuterspirale

für Hummeln, Bienen & Co.

Borretschblüten sind Insektenmagneten.

Ein Paradies für Schmetterlinge und andere Insekten

Duftkräuter, Gewürzkräuter, Lieblingskräuter – meist werden sie auch von Schmetterlingen und Insekten bevorzugt. Duft und Farbe der Blüten haben den Zweck, Insekten anzulocken und damit Bestäubung und Fortbestand der Art zu sichern. Wir Menschen erfreuen uns daran und haben zusätzlich Freude an Bienen, Hummeln und Schmetterlingen in unserem Garten. Auch bei der Ernte ist genug für alle da, erst Pollen und Nektar für die Insekten, später schneiden wir die Kräuter. Je größer das Angebot an Blüten, desto artenreicher die Insektenwelt.

Mit der Schmetterlingskräuterspirale wird für viele nützliche Gartenbewohner ein eige-

Schmetterlinge und Insekten

O
1 Mauerpfeffer
2 Steinnelke
3 Fette Henne
4 Hauswurz
5 Thymian
6 Traubenhyazinthe
7 Johanniskraut

M
8 Ysop
9 Herzgespann
10 Oregano

U
11 Bibernelle
12 Minze

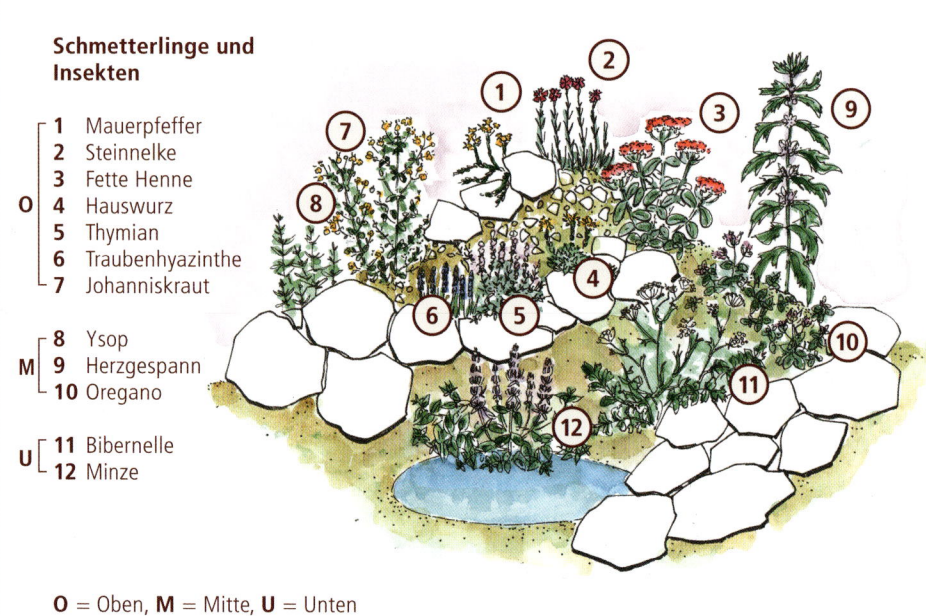

O = Oben, **M** = Mitte, **U** = Unten

nes Eldorado an Blütenpracht und Nahrungsreichtum geschaffen. Am besten wird es in einem ruhigen Eck im Garten, bei einem Teich, einem Sitzplatz oder als Hingucker weiter weg vom Haus angelegt. Zusatznutzen zu Buntheit und Artenreichtum: Im Garten wird durch die Vielfalt das Gleichgewicht gestärkt. Nützlinge können sich entwickeln und sorgen bei einem Schädlingsbefall für ein natürliches Regulativ im Garten.

Bei der Pflege der Kräuterspirale ist unbedingt zu bedenken, dass Stängel und Samenstände stehen bleiben oder geschnitten in einer geschützten Nische oder in einem eigens gebauten Insektenquartier über den Winter erhalten bleiben. Sie sind Nistplatz und Winterquartier für die Insekten und Futterquelle für Vögel und Kleintiere. Insektenquartiere können in der Kräuterspirale gleich mitangelegt werden. Eine Nische zwischen den Steinen ist an sich schon ein Unterschlupf für Kleintiere. Außerdem machen sich kleine Holzrahmen oder Ziegel mit Löchern, in die Lehm, Stroh oder Zweige gesteckt werden, oder Holzstücke mit vorgebohrten Löchern gut in der Kräuterspirale. Sie dienen z. B. Wildbienen als Niströhre und erweitern die Vielfalt der Lebensräume der Insekten und Kleintiere.

Die Kräuterspirale mit ihrem trockenen, durchlässigen Bereich ähnlich einem Steingarten ist für Insektenpflanzen besonders geeignet.

Auf mageren Standorten kann sich ein großer Blütenreichtum von Pflanzen entfalten, die hier ihre Stärke haben und die auf nährstoffreicheren Böden von stärker wüchsigen Pflanzen verdrängt werden würden.

Thymian und Steinnelke, Steinkraut, Steinbrech, Hauswurz- und Sedumarten sind wichtige Futterpflanzen für Schmetterlingsraupen. Damit lassen sich auch sehr kleine Kräuterhügel oder Felsen bepflanzen.

Idealerweise befinden sich in der Nähe der Kräuterspirale eine Wildstrauchhecke, Blumenwiese und ein wildes Eck mit Brennnesseln, Disteln, Borretsch, Wiesenschaumkraut und Giersch. Brennnesseln und Disteln sind wesentliche Raupenfutterpflanzen für viele Schmetterlingsarten.

Nahrungsangebote schaffen

Bienen und Hummeln fliegen unermüdlich von Blüte zu Blüte und haben einen hohen Energiebedarf. Sie brauchen ein großes Nahrungsangebot, um den Vorrat für ihre Nachkommenschaft anzulegen.

Das Blütenangebot sollte möglichst lange vom Frühjahr bis in den Herbst reichen. Manche der fleißigen Nützlinge fangen sehr zeitig im Frühjahr mit der Nahrungssuche an. Die Hummelköniginnen erkunden bereits ab Februar die ersten Blüten. Frühjahrsblüher wie Traubenhyazinthe und Schlüsselblume werden eifrig besucht. Diese sollte man in Ruhe wachsen lassen und sie nicht zu viel pflegen und dadurch womöglich noch den Wurzelbereich beschädigen.

Im Sommer blühen viele Kräuter, Stauden- und Sommerblumen, im Herbst noch Thymian, Ysop, Herbstaster, Sonnenhut und Goldrute.

Porträts Insektenpflanzen

Bibernelle, Kleine

(Pimpernell) *Pimpinella saxifraga* | Doldengewächse (Apiaceae)

▶ Beschreibung

Die fein gerillten, fast blattlosen Stängel der Bibernelle enden in Blütendolden mit kleinen weißen bis rosaroten Blüten. Die grundständigen Blätter sind gefiedert gezähnt, an den Stängeln sitzen kleinere Blätter. Die ausdauernde Pflanze bildet eine Pfahlwurzel aus und wird 10–20 cm groß. Die Blätter schmecken würzig gurkenähnlich.

Die Bibernelle kommt in Europa fast überall wild vor. Sie gedeiht auf trockenen, mageren Wiesen und Weiden, an Feldrändern oder neben Bahngleisen auf sonnigen Plätzen.

▶ Ernte

Die Blätter werden über den Sommer laufend frisch für Salate und Aufstriche geerntet. Die Wurzeln werden im Frühjahr oder im Herbst ausgegraben, gereinigt, der Länge nach gespalten und zum Trocknen aufgehängt. Blüten stehen von Juni bis Oktober zur Verfügung.

Samenernte

Zur Vermehrung von Bibernelle werden die Samenstände geerntet, wenn sie sich braun verfärben, und im Schatten getrocknet. Dann können die Samen ausgeklopft und im nächsten Jahr im März/April ausgesät werden.

▶ Wirkung

Appetitanregend, verdauungsfördernd, krampf- und schleimlösend; Tee bei Verdauungsstörungen, Magenverschleimung; Tee reinigend auch für Kehlkopf und Lunge.

▶ Standort Kräuterspirale

Bibernelle sollte in der oberen bis mittleren Zone in der Sonne platziert werden. Sie braucht einen durchlässigen, trockenen, nährstoffarmen Boden.

▶ Verwandte Arten

· Große Bibernelle *(Pimpinella major)*: kommt in feuchten Wiesen und an Ufern vor.
· Anis *(Pimpinella anisum)*: altbewährtes, einjähriges Gewürz, dessen Samen für Brote und Backwaren sowie als verdauungsfördernder Tee in Verwendung sind.

Herzgespann, Echtes

(Löwenschwanz) *Leonurus cardiaca* | Lippenblütler (Lamiaceae)

▶ Beschreibung

Das aufrecht wachsende Kraut kann mehr als 1 m hoch werden. Seine Blätter sind charakteristisch herzförmig gelappt, die Stängel hohl und vierkantig. In den oberen Blattachseln sitzen kleine blassrosa Lippenblüten.

Die anspruchslose Pflanze stammt aus Asien und Osteuropa und ist mehrjährig. In unseren Breiten verwildert sie auf steinigen, sandigen und sehr sonnigen Standorten. Auf die Kräuterspirale setzt man am besten eine junge Pflanze, deren Wurzelstock später geteilt werden kann. Man kann sie auch im Frühbeet aus Samen ziehen und im Sommer ins Freiland setzen. Von Juni bis September sind die kleinen Lippenblüten eine reich besuchte Bienen- und Hummelweide.

Das Herzgespann wurde schon im alten Griechenland zur Stärkung des Herzens und gegen einen aufgeblähten Bauch genutzt. Außerdem ist es eine altbekannte Heilpflanze gegen Frauenleiden und Wechseljahrbeschwerden.

Herzgespann hat typisch herzförmig gelappte Blätter.

▶ Ernte
Geerntet wird das ganze Kraut zur Zeit der Blüte von Juni bis September. Es wird gebündelt im Schatten getrocknet. Wird nicht zu knapp über dem Boden geschnitten, ist eine schnelle Regeneration für eine weitere Ernte möglich.

▶ Wirkung
Herzstärkend, blähungstreibend, krampf- und schleimlösend, beruhigend für Herz und Nerven; als Teeaufguss besser in kleinen Mengen über einen längeren Zeitraum nehmen; als Vollbad bei Wechselbeschwerden.

▶ Standort Kräuterspirale
Herzgespann wird sehr groß, das muss bei der Platzierung bedacht werden. In der obe-

ren und mittleren Zone in der Sonne wird das Kraut gut gedeihen. Es benötigt einen durchlässigen, trockenen, nährstoffarmen Boden.

Johanniskraut, Echtes
(Hartheu) *Hypericum perforatum* | Johanniskrautgewächse (Hypericaceae)

▶ Beschreibung
Johanniskraut hat einen geraden, aufrechten Wuchs und wird bis zu 70 cm hoch. Die für diese Art typischen zweikantigen Stängel sind verzweigt und enden in goldgelben Blütenbüscheln (Scheindolden). Hält man das Kraut gegen die Sonne, sieht man auf den kleinen, länglich ovalen Blättern durchscheinende Punkte. Diese winzigen Hohlräume sind mit ätherischem Öl gefüllt. Die schwarzen Tupfen

auf den Blütenblättern sind Drüsen, die den Farbstoff Hypericin ausbilden. Reibt man die Blüten oder Knospen zwischen den Fingern, tritt ein roter Saft aus, das sogenannte Johannisblut. Vor allem werden Blütenauszüge in Öl und Tees aus Johanniskraut hergestellt.

Bei der Verwendung von Johanniskraut muss berücksichtigt werden, dass die Inhaltsstoffe fotosensibilisierend wirken: Die Haut wird lichtempfindlicher und rötet sich schnell in der Sonne.

Das mehrjährige Kraut ist am Wegrand und an trockenen Plätzen häufig anzutreffen. Es tritt oft in Gruppen auf und ist in Europa und darüber hinaus weit verbreitet. Für den eigenen Anbau sammelt man die reifen Samen einer Wildpflanze und sät sie im Spätherbst an. Im Garten kann sie durch Wurzelstockteilung weiter vermehrt werden.

Die Blüte erscheint um Johannis (24. Juni), was ihm seinen Namen verliehen hat. Für die Germanen war es das Symbol der Sonne und ist das wichtigste Kraut der Sommersonnenwende. Sein roter Saft symbolisiert Blut, das in der christlichen Mythologie als Blut Christi gedeutet wurde. Das Johanniskraut soll Dämonen und sogar den Teufel vertreiben. Der

Ein Tee aus Johanniskrautblättern und -blüten wirkt beruhigend.

Sage nach habe der Teufel aus Wut über die starken Kräfte dieses Krauts die Blätter mit einer Nadel durchlöchert.

▶ Ernte
Blüten oder das ganze blühende Kraut werden zur vollen Blüte von Juni bis September geerntet und frisch oder getrocknet verwendet.

▶ Wirkung
Wundheilend, entzündungshemmend, krampf- und schleimlösend, nervenberuhigend, verdauungsregulierend, gemütsaufhellend.

Futterpflanze

Johanniskraut ist Futterpflanze der Nachtfalterraupen von Johanniskrautspanner oder Johanniskrauteule, seine Blüten ziehen weitere Schmetterlinge und Insekten an.

Johanniskraut liebt sehr viel Sonne und einen trockenen, durchlässigen Boden und kommt mit geringen Nährstoffen aus. Der beste Platz ist in der oberen Zone.

Thymian, Echter

(Quendel, Hühnerpolei)
Thymus vulgaris | Lippenblütler (Lamiaceae)

▶ Beschreibung

Der immergrüne Halbstrauch von etwa 20 cm Höhe hat stark verzweigte und verholzende Äste mit kleinen schmalen Blättern und bildet eine Pfahlwurzel aus. Die hellrosa bis hellvioletten Blüten erscheinen von Mai bis in den Herbst in den Blattachseln.

Der Echte Thymian wächst in seiner Heimat im Mittelmeerraum auf felsigen Berghängen. Zur Anzucht wird er ab März im Frühbeet ausgesät und feucht gehalten und im Mai ins Freiland gesetzt oder direkt ausgesät. Als Lichtkeimer darf der Samen nur ganz dünn mit Erde bedeckt werden. Später kann er durch Wurzelstockteilung vermehrt werden.

Früher wurde Thymian zur Abwehr von Ungeziefer und zur Desinfektion in Krankenzimmern in großen Mengen eingesetzt. Im alten Ägypten wurden die Mumien mit Thymian parfümiert.

▶ Ernte

Zweige mit Blättern und Blüten können laufend als Gewürz und zu Beginn der Blüte im Mai und Juni geerntet werden. Ein zweiter Schnitt im September darf nicht zu tief vorgenommen werden, sonst besteht die Gefahr von Frostschäden.

▶ Wirkung

Verdauungsfördernd, kräftigend, antiseptisch, krampf- und schleimlösend, menstruationsregulierend, harntreibend.

▶ Standort Kräuterspirale

Thymian sollte einen Platz in der oberen Zone in der Sonne bekommen. Er bevorzugt einen durchlässigen, trockenen, lehmig-sandigen, kalkhaltigen, nährstoffarmen Boden.

▶ Verwandte Arten

· Feldthymian oder Wilder Thymian *(Thymus serpyllum)*: eine heimische Art mit kriechendem Wuchs. Er bildet ganze Teppiche aus, die einen herb-würzigen Duft verströmen. Feldthymian gilt auch als Gewürz- und Heilpflanze, hat jedoch wesentlich weniger Inhaltsstoffe als der Echte Thymian. Er eignet sich gut als trittfester Bodendecker auf steinigen, kargen Böden.
· Zitronenthymian *(Thymus citriodorus)* hat ein würzig zitroniges Aroma. Er ist eine Kreuzung zwischen Arznei-Thymian *(T. pulegioides)* und Echtem Thymian. Er gilt ebenfalls als Gewürz- und Heilpflanze und wird gern zur Einfassung von Beeten verwendet. Der immergrüne Halbstrauch wird 10–30 cm hoch, es gibt auch Sorten mit weiß oder gelb panaschierten Blättern.
· Verschiedene Arten und Sorten wie Orangen-, Lavendel- oder Balsam-Thymian mit unterschiedlicher Frosthärte.

Räucherpflanzen

Räuchern

O {
1 Johanniskraut
2 Lavendel
3 Thymian
4 Salbei
5 Rosmarin
}

M {
6 Wermut
7 Ysop
8 Schafgarbe
}

U {
9 Minze
10 Melisse
}

11 Königskerze

O = Oben
M = Mitte
U = Unten

Im Sommer fangen die Kräuter die Kraft der Sonne ein und bilden ihre wertvollen Inhaltsstoffe aus. Die getrockneten Kräuterbüschel sind ein Vorrat dieser gebündelten Sonnenkraft für die kalte Jahreszeit. Im Winter stärken und heilen die Kräuter. Auf dem Ofen platziert, wärmen und verwöhnen sie Leib und Seele. Eigene Mischungen je nach Stimmung und Verfassung sind in der kalten und dunklen Jahreszeit eine duftende Wohltat.

Düfte fürs Wohlbefinden

Beim Erwärmen und Verbrennen der Kräuter werden die darin enthaltenen ätherischen Öle freigesetzt und erfüllen die Luft mit ihrem Duft. Der aufsteigende Rauch löst Gefühle und Erinnerungen aus und wirkt auf die Seele. Er wirkt beruhigend oder regt den Stoffwechsel an und fördert die Gesundheit. Viele der Inhaltsstoffe wirken desinfizierend und bauen Spannungen ab. Sorgen, Streit und Ängste lösen sich in Luft auf.

Das Räuchern von Kräutern ist schon aus sehr alten Kulturen bekannt. Zu den Jahreskreisfesten wie Wintersonnenwende und Lichtmess haben Räucherzeremonien lange Tradition. Nach dem Winter wurde in Haus und Stall zur Desinfektion und Geruchsverbesserung und zur Reinigung von schlechten Energien geräuchert.

Räuchermethoden

Zum Räuchern werden die Kräuter auf heiße Steine oder in die Glut eines offenen Feuers gelegt. Auch auf dem Kachelofen verströmen sie ihren Duft. Eigene Räucherkohle wird in einer mit Quarzsand gefüllten Schale entzündet, darauf werden die Kräuter gelegt. Zur Reinigung geht man mit dem glimmenden Räucherwerk durch die Räume. Ein einfacher „Räucherofen" ist ein feuerfestes Gefäß, in dem eine Kerze brennt, und ein Teesieb darüber, in das die Kräuter gelegt werden.

Räucherpflanzen

Die meisten der stark aromatischen Räucherpflanzen sind schon auf der Kräuterspirale ein Dufterlebnis. Beim Räuchern werden die ätherischen Öle in großen Mengen freigesetzt. Die Kraft der jeweiligen Kräuter kann voll zur Wirkung kommen.

· Eine häufig verwendete Räucherpflanze ist der Salbei. Der Rauch seiner Blätter reinigt die Räume von Störfeldern und wirkt desinfizierend. Auch der Verstand wird klar und geschärft.

· Ysop reinigt, klärt, erfrischt und fördert die Konzentration. Er wird zum Schutz und zur Reinigung eingesetzt.

· Die Königskerze baut Spannungen in der Luft ab und besänftigt. Sie reinigt Räume von negativen Energien. Im alten Griechenland wurde sie gegen böse Geister geräuchert.

· Thymian wirkt keimtötend. Er unterstützt den Heilungsprozess, indem er Selbstvertrauen und einen starken Willen fördert.

· Die Schafgarbe bringt Weisheit und Leichtigkeit und unterstützt Visionen.

· Johanniskraut stärkt die Seele und wirkt stimmungsaufhellend, denn es vertreibt Traurigkeit und Angst.

· Die glimmenden Blüten und Stängel von Lavendel wirken stark reinigend und klärend für Raum und Seele. Sie fördern den Schlaf und lindern körperliche und seelische Schmerzen.

· Kamille wirkt heilend, beruhigend, harmonisierend und hilft gegen Streit.

· Minze macht munter und heiter, nervenberuhigend, desinfizierend.

· Die jungen Triebe von Rosmarin wirken ähnlich wie Rosenblätter und öffnen das Herz für Gefühle. Sie wirken reinigend und beschützend und sorgen für Antriebskraft und Freude.

· Melisse ist das Kraut der Sonnenwende. Ihr zitroniger Duft entspannt und heitert auf. Sie stärkt Zuversicht und Abwehrkraft und wird für Schutzräucherung eingesetzt.

· Eisenkraut macht Mut, schützt vor Albträumen, hilft bei Erschöpfung.

· Beifuß wurde von den Kelten bei Ritualen eingesetzt als Schutz und zur Reinigung. Er fördert Entscheidungen und Schlaf und hilft loszulassen.

· Wermut wirkt stark auf die Nerven und klärt den Geist. Er ist oft in Mischungen, z. B. mit Rosmarin, Minze, Beifuß und Schafgarbe, enthalten.

· Zusätzlich können die Zweige von Fichte, Tanne und Wacholder sowie Rosenblüten und Ruchgras verwendet werden.

Porträts Räucherpflanzen

Königskerze

(Wollblume)

Verbascum | Braunwurzgewächse (Scrophulariaceae)

▶ Beschreibung

Es gibt drei Königskerzenarten, die arzneilich genutzt werden:

- Großblumige Königskerze *(Verbascum densiflorum)*
- Windblumen-Königskerze *(Verbascum phlomoides)*
- Kleinblütige Königskerze *(Verbascum thapsus)*

Die zweijährige Pflanze hat einen sehr aufrechten Wuchs und kann bis zu 2 m erreichen. Aus der Blattrosette des ersten Jahres steigt ein hoher Stängel mit einem ährenartigen Blütenstand hervor, der von einfachen gelben (bis rötlich violetten) Blüten mit weißen Staubgefäßen gebildet wird. Königskerzenblätter und -blüten enthalten Schleimstoffe, die Wurzeln Bitterstoffe.

Die Königskerze ist in Europa weit verbreitet an Wegrändern, Böschungen, Kahlschlägen auf sonnigen, trockenen Plätzen. Aus dem Saatgut, das im Frühjahr ausgesät wird, bilden sich Blattrosetten mit einer Pfahlwurzel, die schwer umzusetzen sind. Ein Verpflanzen ist eigentlich nur möglich, wenn die Pflanzen noch sehr jung sind. Nach dem Einpflanzen muss dann angehäufelt werden, dabei aber die Blätter nicht zuschütten.

Der Name „Kerze" lässt sich nicht nur auf die Wuchsform zurückführen. Die Königskerze wurde tatsächlich mit Harz und Pech getränkt und

Blütenernte

Königskerzenblüten müssen bei der Ernte trocken sein und sollten möglichst wenig berührt werden. Sie schimmeln leicht und müssen deshalb schnell getrocknet werden, am besten im luftigen Schatten oder am Herd. Tee aus frischen oder getrockneten Blüten sollte geseiht oder gefiltert werden, da die feinen Härchen reizen können.

wie eine Kerze oder eine Fackel angezündet. Im Kräuterbuschen, der an Mariä Himmelfahrt geweiht wird, steckt in der Mitte eine Königskerze. Der Kräuterbuschen soll Mensch und Vieh vor Krankheit bewahren. Mit dem Buschen vom Vorjahr werden Haus und Stall geräuchert. Die gelben Farbpigmente in der Blüte werden als Färbemittel genutzt.

▶ Ernte

Zur vollen Blüte von Juli bis September zupft man die Blüten ab. Frisches Kraut wird vor dem Blühen geerntet. Die Blüten gehen rasch auf und verblühen rasch wieder, deshalb täglich frisch pflücken.

▶ Wirkung

Hustenstillend, schleimlösend, haut- und blutreinigend, harntreibend, krampflösend, beruhigend.

▶ Standort Kräuterspirale

Eigentlich gehören Königskerzen in die obere Zone, denn sie sind anspruchslos und lieben

volle Sonne. Wegen ihrer Größe können sie aber auch außerhalb an die Kräuterspirale angelehnt gepflanzt werden.

Rosmarin
Rosmarinus officinalis | Lippenblütler (Lamiaceae)

▶ Beschreibung

Rosmarin bildet lange, aufrechte Triebe mit kurzen Seitentrieben und zarte, blassblaue Lippenblüten aus. Sein gleichmäßiger Wuchs macht ihn zu einem wertvollen Zierstrauch. Seine nadelartigen Blätter sind unterseits weißlich.

Rosmarin stammt aus dem Mittelmeerraum. Er lässt sich aus Hartholzstecklingen, von September bis Oktober geschnitten, vermehren.

Rosmarin gilt als Wohnort der Feen und Elfen. Er zieht die guten Geister an. Im Altertum war das wohlriechende Kraut wichtiger Bestandteil von Zeremonien auf Festen zu Geburt, Hochzeit und Tod. Im Mittelmeerraum wird mancherorts noch heute nach einer Hochzeit ein Rosmarinzweig in die Erde gesteckt. Wächst er an, soll es eine glückliche Ehe werden.

▶ Ernte

Junge Triebe werden vor und nach der Blüte geschnitten; eine ganzjährige Ernte ist möglich.

▶ Wirkung

Wärmend, appetitanregend, krampflösend, galletreibend, nervenstärkend, kreislaufunterstützend; ätherisches Öl zum Einreiben gegen Rheuma, Nerventonikum.

▶ Standort Kräuterspirale

Rosmarin liebt warme, milde Lagen, volle Sonne und einen lockeren Boden und muss in der oberen Zone gepflanzt werden. Da er in unseren Breiten nicht winterhart ist, braucht er einen sehr guten Winterschutz oder wird in einen Topf gesetzt, wo er im Haus in der kalten Jahreszeit frostfrei überwintern kann.

Salbei, Echter
Salvia officinalis | Lippenblütler (Lamiaceae)

▶ Beschreibung

Salbei ist ein Halbstrauch mit einem kompakten, rundlichen Wuchs bis 60 cm Höhe. Die jungen Triebe und die eiförmig länglichen Blätter sind dicht behaart, ihr silbriges Aussehen verleiht ihnen einen hohen Zierwert. Schon beim Berühren verströmen die Blätter den typisch herben Salbeiduft. Die großen hellvioletten Lippenblüten im Juni und Juli werden eifrig von Bienen und Hummeln besucht.

Salbei ist in Südeuropa heimisch. In Dalmatien und Mazedonien bedeckt er ganze Berghänge. Zur Vermehrung wird der Wurzelstock geteilt

Winterschutz

In stark frostgefährdeten Lagen muss Salbei eingepackt werden. Außerdem sollte man ihn nicht zu stark zurückschneiden, das schwächt die Regenerationsfähigkeit und führt in kalten Wintern sogar zum Absterben des Strauches.

Salbei wächst verzweigt und ausladend und braucht genügend Platz auf der Kräuterspirale.

oder die Samen ab April im Frühbeet ausgesät, später auch direkt auf der Kräuterspirale.

„Salvia" leitet sich vom lateinischen salvare = heilen, retten ab. Das Heilkraut wurde im Mittelalter von Mönchen über die Alpen gebracht und in Klostergärten kultiviert, denn es sollte gegen sämtliche Krankheiten helfen. Salbei galt seit je als Küchengewürz zur besseren Verträglichkeit von fetten Speisen und ist in jedem Bauerngarten zu finden. Seinem starken Geruch wurden magische Eigenschaften zugesprochen.

▶ Ernte
Blatt und Triebspitzen oberhalb der verholzten Teile werden den ganzen Sommer über geerntet und zum Trocknen in den Schatten gehängt. Sein volles Aroma entwickelt Salbei ab dem zweiten Jahr.

▶ Wirkung
Entzündungshemmend, antibakteriell, geruchshemmend, krampflösend, gedächtnisstärkend; als Tinktur bei Hals- und Zahnfleischentzündungen.

▶ Standort Kräuterspirale
Salbei mag es warm und windgeschützt und gedeiht in Sonne und Halbschatten. Sandiglehmiger, kalkhaltiger Boden, der eher trocken ist, wird gut vertragen. Ein Platz in der mittleren Zone ist für Salbei richtig.

Schafgarbe ist auch im Ziergarten eine beliebte Staude, die es in verschiedenfarbigen Sorten gibt.

Schafgarbe als Räucherpflanze

Schafgarbe (siehe Seite 60) verströmt beim Räuchern einen angenehm würzigen Duft. Sie soll negative Energien vertreiben und Mut und Entschlossenheit verleihen.

▶ Verwandte Arten

· Muskatellersalbei, auch Römischer Salbei (*Salvia sclarea*), ist „der große Bruder" des Echten Salbei. Er wird bis zu 1 m hoch und bildet große, herz- bis eiförmige grau-grüne Blätter aus. Die großen violett-weißen Blüten erscheinen von Juni bis Juli, haben auffällige rotviolette Tragblätter und sind essbar. Sie werden gern von Bienen besucht. Muskatellersalbei liebt einen sandigen, durchlässigen, aber nicht zu trockenen Standort mit viel Sonne und ohne starken Winterfrost. Muskatellersalbei wirkt verdauungsfördernd, hilft bei Schwächeanfällen und Kopfschmerzen, seine Wirkkraft ist ähnlich dem Echten Salbei. Das ätherische Öl in seinen Blütenständen riecht sehr intensiv und wird zur Herstellung von Parfüms und zum Aromatisieren von Wein („Muskatellerwein") verwendet.

· Ananassalbei (*Salvia elegans*) verströmt einen Ananasgeruch. Die etwa 70 cm hohe Staude mit flaumigen Blättern stammt aus Mexiko und ist nicht winterhart, kann aber als Kübelpflanze über den Winter gebracht werden. Sie wächst am besten im Halbschatten auf nahrhaftem Boden und braucht viel Wasser. Ihre roten Blüten sind essbar, frisch schmecken sie süß. Als Tee zubereitet verlieren sie den Ananasgeruch und schmecken herb.

Färberpflanzen

Färben

O
- **1** Johanniskraut
- **2** Färberkamille
- **3** Färberresede

M
- **4** Goldrute
- **5** Ringelblume
- **6** Frauenmantel
- **7** Tagetes

U
- **8** Rainfarn
- **9** Kermesbeere

O = Oben
M = Mitte
U = Unten

Färberkamille, Färberdistel, Färberresede, Färberscharte, Färberwaid, Färberröte (Krapp) und Färberginster sind traditionelle Färberpflanzen, die alle in einer Kräuterspirale vereint werden können. Zur Herstellung sanfter Naturtöne haben sich auch Wildkräuter und Sommerblumen wie Frauenmantel, Johanniskraut, Goldrute, Rainfarn und Königskerze bewährt. Kräftige Farbpigmente enthalten die leuchtend gelben und orangefarbenen Blüten von Ringelblume, Sonnenblume und Tagetes. Aus dieser Kombination lässt sich ersehen – schon auf der Spirale blühen die Kräuter bunt und farbenfroh.

Farbenfrohes Miteinander

Je nachdem, welche Pflanzenteile zum Färben verwendet werden, ergibt sich eine breite Palette an natürlichen Farbtönen. Gelb wird aus den Blüten von Färberkamille, Färberdistel und Ringelblume gewonnen, Gelborange aus den Blüten der Sonnenblume, Gelbgrün aus Tagetes und Rot aus der Färberdistel. Die Blüten der Königskerze färben auch die Haare blond. Von Frauenmantel und Resede färben die Blätter gelb, von Johanniskraut gelbbraun, von der Goldrute goldgelb, von Färberscharte und Rainfarn gelb bis grün und von Färberwaid blau. Die Wurzeln der Färberröte färben ziegelrot. Alle diese Farben können aus Pflanzen auf der eigenen Kräuterspirale gewonnen werden.

Wer an den Naturfarben Gefallen gefunden hat, findet im Garten viele weitere Pflanzen, die Farbpigmente zum Färben liefern. Mit den Blättern der Weißbirke kann man ein Zitronengelb herstellen, mit den Früchten von Walnuss und Wacholder braune und mit Wildem Wein violette Farbtöne. Die Wurzeln von Rhabarber färben gelb und die der Roten Rübe (Rote Bete) rot.

Die Ernte

Die Ernte der Blüten erfolgt, wenn die Pflanzen in voller Blüte stehen, die Ernte der Blätter vor der Blüte. Die Wurzeln gräbt man im Frühjahr oder Herbst aus. Mit 1 kg Pflanzenmaterial kann ungefähr 1 kg Stoff gefärbt werden. Am besten nimmt Seide die Farben an, aber auch Baumwolle und Wolle lassen sich gut färben. Für den Anfang sind Gelb- und Brauntöne zu empfehlen, sie verlangen weniger Färbevorgänge (siehe Rezept zu Färberkamille). Das gewonnene Kraut kann frisch oder trocken verwendet werden.

Porträts Färberpflanzen

Färber-Kamille
Anthemis tinctoria | Korbblütler (Asteraceae)

▷ Beschreibung
Die robuste Staudenblume wird 30–50 cm hoch und bildet viele kräftig gelbe Blütenköpfe aus. Ihr Stängel ist filzig behaart, daran sitzen fein gefiederte Blätter.

Die Färberkamille ist in Mitteleuropa heimisch und gedeiht auf trockenen, nährstoffarmen Böden in Gärten, selten an Straßenrändern. Sie ist eine Futterpflanze für Wildbienen, Fliegen, Käfer. Zur Vermehrung wird sie im Frühjahr ausgesät.

▷ Ernte
Färber-Kamille hat eine lange Blühzeit von Juli bis September. Die Blütenköpfe kann man in dieser Zeit sammeln.

Färberezept

1 kg getrocknete Blüten sind ausreichend für ein Farbbad für 1 kg gebeizte (mit Alaunsalz vorbehandelte) Wolle oder Stoff.

1 kg getrocknete Blüten mehrere Stunden einweichen, eine Stunde kochen, dann zwölf Stunden stehen lassen; anschließend den Sud abseihen.
Den Stoff und so viel Blütensud, dass der Stoff ganz bedeckt ist, etwa eine Stunde kochen (Seide bei 70 °C). Mit warmem Wasser spülen, mit Essig fixieren.

▷ Wirkung
Die Färberkamille liefert ein leuchtendes, warmes Gelb.

▷ Standort Kräuterspirale
Färber-Kamille bevorzugt einen trockenen, steinigen Standort und ist kalkliebend. Sie sollte in die obere Zone der Kräuterspirale gesetzt werden.

Eierfärben einmal anders

Auch zum Eierfärben können Blüten der Färber-Kamille genommen werden. Dazu braucht man 20 g Blüten, die in 1 l Wasser eine halbe Stunde gekocht werden. Dann gibt man die Eier zehn Minuten lang in die kochende Flüssigkeit. Sie sind danach tiefgelb gefärbt.

Färber-Resede hat eine grundständige Blattrosette.

Färber-Resede

(Färber-Wau)
Reseda lutea | Resedagewächse (Resedaceae)

▶ Beschreibung
Die Färber-Resede kann 70–150 cm hoch werden. Ihr Wuchs ist schlank aufrecht. Sie bildet schmale Blätter und lang gezogene Blütenstände aus.

Die ausdauernde Pflanze stammt aus Mittel- und Südeuropa, übersteht den Winter aber auch in unseren Breiten und ist an Wegrändern, Bahngleisen und Schutthalden verwildert. Sie blüht den ganzen Sommer über.

Färber-Resede enthält den gelben Farbstoff Luteolin in hoher Konzentration und war von der Bronzezeit bis ins Mittelalter eine wichtige Färbepflanze.

▶ Ernte
Das ganze Kraut wird zur vollen Blüte von Juni bis September geerntet und frisch oder getrocknet verwertet.

▶ Wirkung
Färbemittel für Textilien

▶ Standort Kräuterspirale
Färber-Resede passt gut in die obere Zone, kann allerdings sehr hoch werden. Sie liebt steinige, kalkreiche Böden auf warmen, sonnigen Standorten.

Goldrute

(Wundkraut)
Solidago virgaurea | Korbblütler (Asteraceae)

▶ Beschreibung
Die Goldrute ist ausdauernd und anspruchslos. Die aufrechten Ruten werden etwa 40 cm hoch. Ihre kleinen gelben Blüten erfreuen Mensch und Insektenwelt vom Hochsommer bis in den Herbst hinein.

Die heimische Goldrute (in Europa, Asien und Nordamerika) wächst an Gebüschrändern, auf Kahlschlägen und in trockenen, lichten Wäldern. Zur Vermehrung wird der Wurzelstock geteilt oder im Frühjahr Samen ausgesät. Die Goldrute sollte nicht mit der bis zu 2 m hohen, wesentlich kleinblütigeren Kanadischen Goldrute (*Solidago canadensis*) verwechselt werden. Diese ist genauso reich an Inhaltsstoffen, breitet sich aber in der Natur invasiv aus und verdrängt heimische Arten.

Der Sage nach wurde die Goldrute als Wünschelrute auf der Suche nach Schätzen eingesetzt. Die Zwerge und Gnome, die die Schätze hüteten, konnten sich ihrer Macht nicht entziehen und mussten die Orte preisgeben. Bei den Germanen war sie ein Wundheilmittel gegen viele Leiden. „Solidago" = lateinisch: (be)festigen, gesund machen.

► Ernte

Während der Blüte von Juli bis Oktober ist die beste Erntezeit, denn im Herbst ist die Pflanze am gehaltvollsten. Das ganze Kraut, beziehungsweise Blüten und Blätter, wird am besten frisch verwendet oder im Schatten getrocknet. Auch als Trockenstrauß ist es eine Zierde.

► Wirkung

Harntreibend, entzündungshemmend; gegen Nieren- und Blasenleiden; schleimlösend als Tee; äußerlich als Wundheilmittel; am besten möglichst frisch verwenden; Farbpigmente aus Blüten und Blättern färben Textilien gelbgrün.

► Standort Kräuterspirale

Goldruten werden in der mittleren bis unteren Zone platziert.

Kermesbeere

Phytolacca decandra | Kermesbeerengewächse (Phytolaccaceae)

► Beschreibung

Die mehrjährige Staude wird meist 0,7–1 m hoch. An den gabelig verzweigten Ästen mit eiförmig lanzettlichen Blättern erscheinen Blütentrauben mit grün-weißen bis blassrosa Blüten. Sie bilden auffällige Fruchtstände mit schwarzen Beeren aus. Diese wurden früher zum Färben von Rotwein verwendet, denn sie haben eine starke purpurrote Farbkraft. Die enthaltenen Farbpigmente sind ähnlich denen der Roten Rübe (Roten Bete). Frisch von der Pflanze sind die Beeren jedoch giftig und wirken stark abführend.

Die Kermesbeere breitet sich im Weinbauklima spontan aus.

Die Kermesbeere ist in Nordamerika heimisch und bei uns eingebürgert, wo sie an feuchten Stellen und im Brachland wild aufkommt. Im Garten ist sie eine imposante Zierpflanze. Sie ist wärmeliebend und wenig frosthart, aber sonst anspruchslos.

► Ernte

Die Beerenstände werden im Herbst geerntet.

► Wirkung

Frische Beeren lösen Erbrechen, Durchfall und Krämpfe aus und sind stark giftig; Wurzeltinktur für Umschläge bei Hauterkrankungen und Entzündungen; roter Textilfarbstoff.

► Standort Kräuterspirale

Da Kermesbeeren einen feuchten Standort bevorzugen, gehören sie in die untere Zone. Sie gedeihen in Sonne und Halbschatten.

Kräuterdüfte

Duft und Blüten

O ⎡ **1** Kamille
  ⎢ **2** Lavendel
  ⎣ **3** Melisse

M ⎡ **4** Nachtkerze
  ⎢ **5** Klatschmohn
  ⎣ **6** Ringelblume

U ⎡ **7** Kapuzinerkresse
  ⎢ **8** Minze
  ⎢ **9** Borretsch
  ⎣ **10** Stockrose

O = Oben
M = Mitte
U = Unten

Pflanzen verströmen eine Vielfalt an Duftstoffen in Form von ätherischen Ölen, die sich allerdings bei Raumtemperatur verflüchtigen. Sie bestehen aus einem Gemisch von verschiedenen organischen Verbindungen, die auf die Natur des gesamten Menschen einwirken. Düfte bewirken tief gehende Sinneseindrücke, oft im Unterbewussten. Sie werden mit der Atmung aufgenommen und prägen sich tief in die Erinnerung. Deshalb werden Düfte schon seit antiken Zeiten einer göttlichen Nähe zugesprochen. Riech- und Räucherstoffe haben kultische und medizinische Bedeutung, sie wurden mit geheimen Rezepten und zu bestimmten Gestirnkonstellationen hergestellt. Auch heute unterstützen wohlriechende Essenzen, Salben, Bäder, Inhalationen und Räucherwerk unsere Gesundheit. Pflanzliche Duftstoffe regen die Selbstheilungsprozesse an und fördern die Heilung von innen her.

Pflanzendüfte liegen in der Luft

Ein Klassiker unter den Duftpflanzen ist der Lavendel. Er weckt Assoziationen von Sommer, Sonne und Frische. Im Garten und im Haus wirken seine ätherischen Öle reinigend und entspannend und halten Insekten fern. Er wird deshalb gern als Kräuterbüschel oder Potpourri in Räumen und, in Säckchen gefüllt, im Wäschekasten verwendet. Waldmeister, Eberraute, Rainfarn, Steinklee duften ebenso im Garten und im Kräutersäckchen in der Wäsche.

Besonders intensiven Duft verströmen auch Zitronenverbene, Zitronenmonarde, Karthäusernelke und andere Nelkenarten, Duftpelargonien, Duftgeranien, Flammenblume und Madonnenlilie. Die klassischen Gewürzpflanzen Kamille, Minze, Melisse, Thymian, Salbei und Muskatellersalbei sind schon am Beet stark aromatisch.

Wer auf den Geschmack gekommen ist, kann die Blüten gleich kosten und den Teller damit schmücken: blaue Borretschblüten, gelbe und rote Kapuzinerkresse, gelbe und orangefarbene Ringelblumenblätter, violette und rote Malve, gelbe Nachtkerze, violette Veilchen und roter Klatschmohn machen Salate, Süßspeisen, Teemischungen und Aufstriche bunt.

Die Blüten vieler Küchenkräuter zieren die Speisen, z. B. von Minze, Salbei, Muskateller-Salbei, Thymian, Basilikum, Schnittlauch, Dill und Fenchel.

Der Vorteil der Ernte auf der Kräuterspirale ist auch hier offensichtlich: Die Blüten sehen nur frisch gut aus, und aus dem eigenen Garten weiß man, ob sie sauber und unbehandelt sind.

Porträts Duftpflanzen

Kamille, Echte

Matricaria chamomilla | Korbblütler (Asteraceae)

▶ Beschreibung

Die Echte Kamille wird 50 cm hoch. Der kahle Stängel mit den fiederteiligen Blättern verzweigt sich nach oben und endet in Korbblüten, die aus einer gelben Blütenscheibe mit Röhrenblüten und weißen Zungenblüten darum herum bestehen. Die Zungenblüten stehen gerade von der Blütenscheibe ab, erst vor dem Verblühen senken sie sich nach unten. Ein sicheres Merkmal für die Echte Kamille ist der hohle Blütenboden, den man beim Durchschneiden des Blütenkopfs deutlich sieht. Sie unterscheidet sich damit von

Kamille in der Mythologie

Im alten Ägypten wurde die Kamille dem Gott der Sonne gewidmet, im alten England gehörte die Kamille zu den neun heiligen Kräutern. Bei der Krönung von Königen in England hatte derjenige, der König wurde, immer ein Kamillesträußchen dabei.

Laut Sage soll die Kamille mit dem heiligen Johannes in Verbindung stehen, man brachte daher am Johannistag, dem 24. Juni, einen Kranz aus Kamille an der Haustür an.

ähnlich aussehenden Arten wie die Geruchlose Kamille oder die Feld-Hundskamille, denen die besonderen ätherischen Öle fehlen.

Die Heilpflanze ist in Süd- und Osteuropa beheimatet und wird in ganz Mitteleuropa angebaut. Sie wächst auf dem Acker, an den Ackerrändern und auf offenen, nährstoffreichen Plätzen. Die einjährige Sommerblume sät sich jedes Jahr selbst aus. Zum Ansiedeln auf der Kräuterspirale erfolgt die Aussaat am besten im April. Danach wird der Boden feucht gehalten. Junge Pflanzen können im Frühjahr versetzt werden.

Früher wurde Kamille auch in der Kammer ausgestreut, wo beim Drauftreten ihr angenehmer, apfelähnlicher Geruch aufstieg. Im Garten verströmt sie genauso ihren Duft, wenn sie zwischen Steinplatten am Weg wächst. Und wenn man ein Kamillenbündel an die Decke hängt, soll es sich angeblich bewegen, sobald eine Hexe den Raum betritt.

▶ Ernte

Die Blüten brauchen drei Wochen, bis sie sich voll entwickeln, und blühen sehr lange. Die Ernte geht von Juni bis September und beginnt einige Tage nach dem Aufblühen, denn erst die ganz geöffneten Blüten haben den vollen Gehalt an ätherischen Ölen. Die Blüten beim Pflücken nicht drücken, im Schatten trocknen und in dicht verschlossenen Gläsern locker aufbewahren.

▶ Wirkung

Beruhigend, entzündungshemmend, wundheilend, schmerzlindernd, schweißtreibend, verdauungsfördernd, magenstärkend.

▶ Standort Kräuterspirale

Echte Kamille gedeiht auf humosem Boden mit geringem Kalkgehalt. Sie braucht immer etwas Feuchtigkeit und mag es sonnig. Ein guter Platz ist in der unteren Zone.

Ein Tee aus Kamillenblüten ist gut für den Magen.

Kamille, Römische
Chamaemelum nobile | Korbblütler (Asteraceae)

▶ Beschreibung

Die mehrjährige Staude hat fiederteilige Blätter und langstielige Blütenköpfe in halbkugeliger Form. Die Blüten sind weiß und in der Mitte gelb.

Ursprünglich aus Westeuropa stammend, ist sie heute bis Südeuropa eingebürgert und wächst am liebsten auf sandigem Boden auf Weiden und Wiesen. Mit einer Höhe von 15–30 cm und ihrer Blütenfülle ist sie eine beliebte Zierpflanze, die sich sehr gut für Einfassungen von Beeten oder Wegen eig-

net. Die Vermehrung erfolgt durch Aussaat im Frühjahr, durch Stecklinge im Sommer oder durch Wurzelstockteilung im Herbst.

▶ Ernte

Es werden die vollständig geöffneten Blüten ab Juni bis in den Oktober geerntet, getrocknet und in verschließbaren Gläsern aufbewahrt.

▶ Wirkung

Wie Echte Kamille; für Kamillentee und Potpourris.

▶ Standort Kräuterspirale

Römische Kamille liebt einen durchlässigen lockeren Boden und gedeiht in Sonne und Halbschatten. In der mittleren und unteren Zone ist sie gut platziert.

Klatschmohn

Papaver rhoeas | Mohngewächse (Papaveraceae)

▶ Beschreibung

Die zarte Mohnpflanze hat einen borstigen Stängel mit kleinen fiederspaltigen Blättern und einer anfangs hängenden Blütenknospe. Sie wird 30–50 cm hoch. Aus den Knospen entfalten sich vier leuchtend rote Blütenblätter. Mit den farbkräftigen Blüten strahlt der Klatsch-Mohn eine hohe Lebenskraft aus. Sein weißer Milchsaft schützt ihn vor Tierfraß. Abgeschnitten welken die Blüten rasch.

Die einjährige Sommerblume ist im gemäßigten Klima von Europa, Asien und Nordafrika weit verbreitet. Auf offenem Boden wachsen die Pionierpflanzen rasch empor. Die Samen in den Kapseln reifen von Juli bis September und können an Weg- und Feldrändern gesammelt werden.

Die Aussaat erfolgt im zeitigen Frühjahr, danach sollte der Boden feucht gehalten werden. Auf nährstoffreichem, kalkhaltigem Boden wachsen die Pflanzen üppiger.

Mohnblüten wurden schon in Pharaonengräbern als Schmuckbeigabe beigelegt. Die Samen zum Backen waren bei Ägyptern und Römern bekannt.

In Holland wurde der Saft der Blüten zum Färben von Edamer Käse verwendet.

▶ Ernte

Die zarten Blüten werden bei trockenem Wetter von Juli bis September gepflückt. Sie werden rasch getrocknet und danach luftdicht aufbewahrt, damit sie ihre Farbe behalten. Die Samenkapseln erntet man, bevor sie ganz ausgereift sind, und lässt sie nachtrocknen. Sobald sich der Samendeckel ganz geöffnet hat, werden die Samen durch den Wind herausgeschüttelt.

▶ Wirkung

Nervenberuhigend, schleim- und krampflösend; Blüten zum Färben von Tee, Wein und Speisen; Samen zum Backen in Brot, Mehlspeisen und für Mohngerichte.

▶ Standort Kräuterspirale

Entweder sät man Klatschmohn in der unteren Zone aus oder vor den Steinen am Rand auf offenem Boden und an einer sonnigen Stelle. Die Pflanze wächst eigentlich fast überall, der Boden muss aber frei von Bewuchs sein.

▶ Verwandte Arten

Der größere, mehrjährige Schlaf- oder Gartenmohn *(Papaver somniferum)* mit weißen oder dunkelvioletten Blüten ist wesentlich giftiger. Aus ihm wird das Schmerzmittel Morphin gewonnen.

Lavendel

Lavandula angustifolia | Lippenblütler (Lamiaceae)

▶ Beschreibung

Der immergrüne, graufilzig behaarte Halbstrauch wird 50–80 cm hoch. Auf seinen stark verästelten Zweigen sitzen lanzettliche Blätter; die ährigen Blütenstände im typischen Lavendelblau verströmen ihr Aroma in der Sonne besonders intensiv.

Die weitverbreitete Gartenpflanze stammt ursprünglich aus den Küstenregionen des Mittelmeerraums. In unseren Breiten ist Lavendel an nicht zu frostgefährdeten Stellen winterhart.

Wenn er nach der ersten Blüte im Juli kräftig zurückgeschnitten wird, bildet er in den nächsten Monaten neue Triebe aus, die robust genug für den Winter sind. Im Mai und Juni werden Stecklinge geschnitten und in sandiger Anzuchterde gezogen.

Die sonnenliebende Heilpflanze verströmt einen frischen Duft und vertreibt Ungeziefer. Schon im Garten wirkt ihr Duft beruhigend und hält Blattläuse von Rosen fern. Die getrockneten Blütenbüschel im Kasten bewahren die Wäsche vor Motten oder binden Gerüche im Haus.

▶ Ernte
Die blühenden Triebe schneidet man im Juni und Juli.

▶ Wirkung
Beruhigend, stimmungsaufhellend, antibakteriell, antiseptisch, schmerzlindernd; heilt Insektenstiche; hält Insekten fern; Bäder helfen bei Muskelverspannungen; Blüten und Stängel zum Räuchern.

▶ Standort Kräuterspirale
Lavendel wächst am besten auf steinigem, durchlässigem, wenig kalkhaltigem Boden in der oberen Zone.

Stockrose

(Pappelrose, Roseneibisch, Stockmalve)
Alcea rosea | Malvengewächse (Malvaceae)

▶ Beschreibung
Die zweijährige Staude bildet im ersten Jahr eine Blattrosette mit einer Pfahlwurzel aus. Im zweiten Jahr wächst aus der Mitte ein bis zu 2 m hoher, rauhaariger Stängel mit langstieligen, filzigen, pappelähnlichen Blättern heraus. Die bis zu 9 cm großen, rosenähnlichen Blüten sind dunkelviolett, karminrot, gelb oder weiß und werden von Bienen besucht.

Die Gartenpflanze kam vom östlichen Mittelmeerraum über Italien nach Mitteleuropa. Heute ist sie aus den Cottagegärten Englands, Hollands oder Frankreichs nicht wegzudenken. Auf tiefgründigen, humusreichen Böden sät sie sich immer wieder selbst aus. Sie zieht warme, sonnige und windgeschützte Plätze vor. Oft wächst sie an die Hausmauer gelehnt oder entlang von Zäunen.

▶ Ernte
Von Juni bis Oktober öffnen sich täglich neue Blüten. Die Blüten erntet man am besten, wenn sie noch nicht ganz geöffnet sind und eine Glockenform haben. Sie werden zum Trocknen aufgelegt und ab und zu gewendet.

▶ Wirkung
Hustenreizlindernd, schleim- und krampflösend, entzündungshemmend, schmerzlindernd.

▶ Standort Kräuterspirale
Stockrosen sind nässe-, wind- und frostempfindlich. Sie brauchen einen nährstoffreichen Standort mit viel Sonne in der unteren Zone.

Die Pflege

der Kräuterspirale

Ist einmal mit aller Sorgfalt errichtet, sollte es viele Jahre, sogar Jahrzehnte, halten. Einmal pro Jahr kann nachgeprüft werden, ob sich Steine gelöst haben, verschoben wurden oder ob etwas verwittert ist; dann wird zurechtgerückt und neu entstandene Hohlräume mit kleineren Steinen verfüllt. Ansonsten sollten das Bauwerk und dessen Befüllung sehr lange stabil bleiben.

Kräuter anbauen – säen – pflegen

Etwas mehr Pflege benötigen die Kräuter. Den geringsten Aufwand hat man mit mehrjährigen Kräutern, die bei der Ernte gleich geschnitten werden und so verjüngt im nächsten Frühjahr wiederkommen. Werden die anfänglichen Lücken nicht durch einjährige Ansaaten gefüllt, müssen unliebsame Beikräuter entfernt werden. Damit diese erst gar nicht auftreten, wird am besten mit Grasschnitt, Schotter für Mediterrankräuter und Ziegelsplitt für heimische Küchenkräuter gemulcht.

Einjährige Kräuter werden jedes Jahr neu angesät, dabei sollten die Regeln der Fruchtfolge und Mischkultur beachtet werden. Schlechte Nachbarn sind z. B. Kerbel und Kümmel sowie Pfefferminze und Kamille. Ganz allgemein sollten Pflanzen derselben Pflanzenfamilie nicht nebeneinandergesetzt werden. Die Kreuzblütler Rucola und Kresse passen genauso wenig zueinander wie die Doldenblütler Dill, Fenchel, Kerbel, Kümmel, Liebstöckel und Petersilie. Dafür haben Dill, Majoran und Zwiebel oder auch Knoblauch

Eine Kräuterspirale ist höher als ein normales Beet und rundherum zugänglich, sodass Pflegemaßnahmen einfach durchführbar sind.

und Erdbeeren einen guten Einfluss aufeinander. Zwiebelgewächse zwischen Erdbeeren vertreiben Schnecken und Wühlmäuse und sind auch gegen den Grauschimmel wirksam. Basilikum schützt Gurken vor frühem Mehltaubefall. Wermut setzt man am besten zu den Johannisbeeren, da er hier Rostbefall vorbeugt.

Will man Kräuter früher ernten, kann man sie auch bereits ab Mitte März im Frühbeetkasten oder auf der Fensterbank im Zimmer vorziehen. Basilikum wird immer in der Wärme vorgezogen.

Ausufernde, platzergreifende Kräuter wie Estragon oder Liebstöckel, Melisse oder Minzen müssen, falls sie nicht sowieso außerhalb der Kräuterspirale gepflanzt wurden, immer wieder reduziert und geschnitten werden, damit sie nicht alles überwuchern. Einige schwachwüchsige Kräuter sollten immer wieder von üppiger wachsenden befreit werden. Diese kleineren Kräuter sollten auch unbedingt im Vordergrund nahe der Steinmauer gepflanzt werden, die üppigeren im Hintergrund.

Gedüngt wird sehr wenig, eine Kompostgabe im Herbst für die Kräuter im mittleren und unteren Bereich der Kräuterspirale ist ausreichend.

Zweijährige Kräuter werden ebenso angebaut wie einjährige, ihre Samen können erst nach der Blüte im zweiten Jahr gewonnen werden.

Mehrjährige Kräuter können nach einigen Jahren geteilt oder durch Stecklinge vermehrt werden.

Winterschutz

Mediterrane Kräuter wie Rosmarin oder empfindliche Salbeiarten brauchen einen guten Winterschutz oder müssen, wie die frostempfindliche Zitronenverbene oder das Süßkraut, vor dem ersten Frost ins Haus geholt werden. Als Winterschutz reicht eine Abdeckung mit Laub oder Reisig.

Bewässerung

Eine Bewässerung ist nur in den heißen Sommermonaten (und nach der Ansaat beziehungsweise dem Pflanzen) nötig und auch dann vor allem in der unteren und mittleren Zone. Gegossen wird am besten morgens und nur im Wurzelbereich, also nicht über alle Blätter. Wichtiger ist es, für einen guten Wasserabzug zu sorgen, da die allermeisten Kräuter Staunässe nicht vertragen.

Kräuter ernten, trocknen, aufbewahren

Natürlich haben frisch geerntete Kräuter am meisten Aroma und Inhaltsstoffe. Aber viele können ihr Aroma bei schonender Ernte und Trocknung auch bis in den Winter bewahren. Ob sie dann allerdings noch wirklich aromatisch schmecken, hängt vom Erntezeitpunkt, der sorgfältigen Trocknung und Aufbewahrung ab.

Viele Küchenkräuter haben vor der Blütezeit das intensivste Aroma, denn oft verändert sich nach der Blüte der Geschmack. Das trifft z. B. auf Basilikum, Minze, Melisse, Salbei und Thymian zu. Eine Ausnahme sind Oregano und Lavendel, die erst zur vollen Blüte das beste Aroma entfalten. Die meisten Kräuter werden auf 10 cm zurückgeschnitten.

Allgemein gilt: Blüten werden zu Blühbeginn gesammelt und sollten völlig trocken sein.

Nicht nur die Blüten von Lavendel und Kamille, sondern auch die von Ysop, Malven,

Viele Kräuter werden durch Trocknen haltbar gemacht.

Thymian, Schnittlauch und Salbei sind sehr gut essbar.

Blätter erntet man am besten vor der Blüte, da sie so die meisten Aromastoffe enthalten. Einige Blätter gewinnen sogar durch die Trocknung an Intensität, wie z. B. von Thymian oder Rosmarin. Andere, wie Dill und Basilikum, verlieren an Aromastoffen und eignen sich besser zum Einfrieren.

Samen, beispielsweise von Kümmel oder Fenchel, werden kurz vor der Vollreife geerntet. Die gesamten Blütenstände werden abgeschnitten und die Samen vorsichtig in einem Papiersack gesammelt.

Ernten

Die Tage vor der Ernte sollte es nicht geregnet haben, da sonst der Gehalt an ätherischen Ölen geringer ist. Außerdem lassen sich feuchte Pflanzen schlecht trocknen. Um das beste Aroma einzufangen, empfiehlt es sich, die Kräuter an einem warmen, trockenen Vormittag zu ernten. Ein guter Zeitpunkt zur Ernte sind die Morgenstunden nach einigen sonnigen Tagen. Dann sind ätherische Öle besonders reichlich enthalten. Die geernteten Kräuter werden vorsichtig in Körbe oder Papiersäcke gelegt.

Vor allem Rosmarin und Minzen lassen sich gut trocknen.

Bei allen Aufbewahrungsmethoden sollte man darauf achten, dass die Kräuter nur bis zur nächsten Saison haltbar sind. Geschmack und Aroma nehmen dann stetig ab.

Trocknen

Das Trocknen von Kräutern sollte so rasch wie möglich nach dem Ernten erfolgen. Die Kräutersträuße werden in luftigen, trockenen, schattigen Räumen kopfüber aufgehängt oder Blätter und Blüten auf einer Unterlage ausgebreitet. In der direkten Sonne würden die wertvollen ätherischen Öle verdampfen. Sie können auch im Ofen oder in Dörrappara-

ten getrocknet werden, was vor allem für Wildfrüchte infrage kommt.

Die Kräuter sind dann fertig getrocknet, wenn ihre Blätter rascheln, die Stiele beim Brechen holzig knacken und die Blätter bei etwas festerem Druck zerbrechen. Dann werden sie vom Stängel gerebelt, luftdicht verschlossen und an einem dunklen Ort gelagert. Bei manchen Arten, die noch eine Restfeuchte enthalten könnten, wäre ein Korkverschluss besser. Beim Abrebeln sollte man die Kräuter nur grob zerkleinern, da sie an Aroma verlieren. Am besten ist, sie erst bei der Zubereitung der Speisen oder des Tees zu zerreiben.

Gut zum Trocknen geeignet sind Lavendel, Liebstöckel, Majoran, Minzen, Oregano und

Thymian, Melisse, Zitronenverbene, Blüten von Malven und Königskerzen.

Einfrieren

Vor dem Einfrieren werden die Kräuter gewaschen und trocken getupft. Die Kräuter können entweder gehackt oder auch als ganze Blätter eingefroren werden. Gut zum Einfrieren geeignet sind Petersilie, Selleriekraut, Salbei oder Schnittlauch.

Einlegen

Für das Einlegen in Öl werden die Kräuter ebenfalls gewaschen, trocken getupft und dann in Gläser gefüllt. Danach sollen die Kräuter vollständig mit kalt gepresstem Öl bedeckt werden. Kräuter können aber auch in Essig oder Salz eingelegt und somit haltbar gemacht werden.

Zum Einlegen, vor allem in Öl, sind fast alle Kräuter gut geeignet.

Kräutersalze

Folgende Kräuter eignen sich sehr gut für die Herstellung von Kräutersalz:
· Thymian, Salbei, Petersilie, Liebstöckel (Maggikraut), Wacholderbeeren, Knoblauch, Oregano, Rosmarin, Bohnenkraut, Kerbel, Dill, Estragon, Lorbeer, Majoran, Sellerie, Schnittlauch.

Einfaches Kräutersalz

Getrocknete, fein geriebene Kräuter von Liebstöckel, Estragon, Selleriegrün und Petersilie werden gemeinsam mit grobem Meersalz im Mörser zerkleinert und in dunkle Schraubgläser gefüllt.

Kräutersalz wird immer erst am Schluss zu den fertig gekochten Speisen gegeben, damit die Aromen der Kräuter erhalten bleiben.

Variationen
· Kräutersalz für Tomatengerichte: Basilikum und Oregano als Kräuter
· Für Fischgerichte: Zitrone, Fenchel, Lauch, Zwiebeln, Schnittlauch, Petersilie, Dill, Knoblauch, Basilikum, Majoran, Rosmarin, Thymian, Chili
· Für Schweinefleisch: Petersilie, Schnittlauch, Dill, Liebstöckel, Estragon, Rosmarin, Thymian, Bärlauch, Lavendel, Salbei

Bewährte Kräutermischungen
· „Herbes de Provence": Basilikum, Lavendel, Majoran, Rosmarin, Salbei, Thymian
· „Fines Herbes": Basilikum, Bohnenkraut, Estragon, Kerbel, Oregano, Petersilie, Rosmarin, Schnittlauch, Thymian, Zitronenmelisse
· „Bouquet garni": Lorbeer, Petersilie, Thymian werden für Suppen und Brühen zum Kochen als Büschel eingehängt und vor dem Servieren entfernt.

Die Pflege der Kräuterspirale

Register

Literatur

Erckenbrecht, I.: Die Kräuterspirale.
pala Verlag, Darmstadt, 9. Aufl. (2012)

Erckenbrecht, I.:
Neue Ideen für die Kräuterspirale.
pala Verlag, Darmstadt, 3. Aufl. (2010)

Frohn, B.: Lexikon der Heilpflanzen und ihrer
Wirkstoffe. Weltbild Verlag, Augsburg (2007)

Hirsch, S.; Grünberger, F.:
Die Kräuter in meinem Garten.
Freya Verlag, Linz, 2. Aufl. (2006)

Kreuter, M.-L.: Kräuter, Kräuter, Kräuter.
BLV Verlag, München (2006)

Madejsky, M.: Lexikon der Frauenkräuter.
AT Verlag, Baden und München (2009)

Mollison, Bill; Holmgren, Dave:
Permakultur. rororo Sachbuch (1983)

Mollison, Bill: Permakultur II: Praktische
Anwendung. pala-verlag, Darmstadt (1983)

Rausch, A.; Lotz, B.: Dumonts Kleines
Kräuterlexikon. Edition Dörfler

Storl, W.-D.: Kräuterkunde.
Aurum Verlag, Bielefeld (2011)

The Royal Horticultural Society:
Gartenhandbuch Kräuter.
DK Verlag, München (2005)

Treml, F.-X.: Kräuter aus dem Garten.
Kosmos-Verlag, Stuttgart (2009)

Weblinks

http://www.heilkraeuter.de/lexikon/
http://www.kraeuterei.de
http://www.kraeuter-garten.info
http://www.kraeuterwerk.at
http://www.hortipendium.net
http://www.wolfsmutter.com
http://www.dyeplants.de

Bezugsquellen

Arche Noah: *www.arche-noah.at*
Gartenbau Wagner:
www.gartenbauwagner.at
Natur- & Kräuterwerkstatt Lesachtal:
www.kraeuterwerkstatt-lesachtal.at
Wegwartehof: *www.wegwartehof.at*
Waldviertler Kräuterhof Zach:
www.kraeuterhof-zach.at
Kräutergarten Traunstein:
www.kraeutertanten.at
www.lichtkraeuterhof.at

Impressum

avBUCH im Cadmos Verlag
Copyright © 2013 by Cadmos Verlag, Schwarzenbek
Gestaltung und Satz: Ravenstein + Partner, Verden
Lektorat: Christine Weidenweber, Weibersbrunn, www.verbene.eu
Coverfoto: Ilse Wrbka-Fuchsig
Fotos im Innenteil: Monika Biermaier: Seite 3, 20, 22 (beide), 27, 29, 52, 73, 79, 89
Ilse Wrbka-Fuchsig: Seite 4, 7, 9, 11, 12, 13, 14 (alle 4), 16, 28, 30, 33, 35, 36, 37, 39,
42, 43, 44, 58, 59, 61, 62, 65, 66, 68, 74, 75, 78, 80, 83, 87, 90
Bildagentur fotolia (www.fotolia.de): Seite 49, 51, 55, 86
Illustrationen: Monika Biermaier

Druck: Grafisches Centrum Cuno, Calbe

Deutsche Nationalbibliothek – CIP-Einheitsaufnahme
Die Deutsche Nationalbibliothek verzeichnet diese Publikation in der Deutschen Nationalbibliografie;
detaillierte bibliografische Daten sind im Internet über http://dnb.ddb.de abrufbar.

Printed in Germany

ISBN: 978-3-8404-8108-6